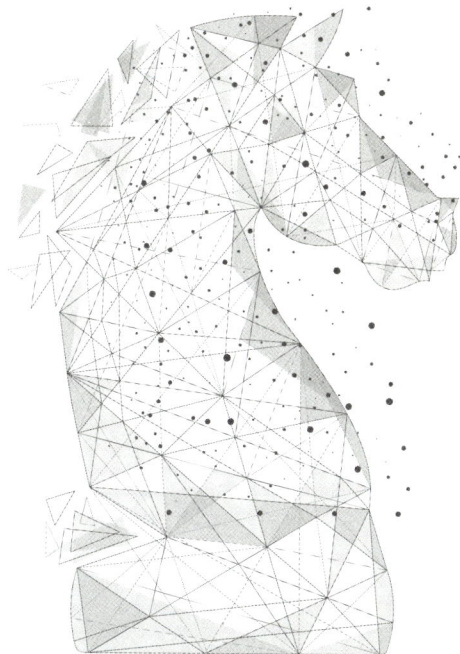

“十四五”职业教育国家规划教材

（中等职业学校公共基础课程教材）

数　学

（拓展模块 一）下册

主　　　编：曹一鸣

分 册 主 编：曾善鹏　刘　静

分册副主编：干琼宇　黄毅刚

分 册 参 编：陈金涛　张晶强　全水聪　高晓兵

SHUXUE TUOZHAN MOKUAI YI XIACE

北京师范大学出版集团

BEIJING NORMAL UNIVERSITY PUBLISHING GROUP

北京师范大学出版社

图书在版编目(CIP)数据

数学：拓展模块. 一. 下册 / 曹一鸣，曾善鹏，刘静主编.
—北京：北京师范大学出版社，2022.3(2024.12 重印)
ISBN 978-7-303-27215-0

Ⅰ. ①数… Ⅱ. ①曹… ②曾… ③刘… Ⅲ. ①数学课—中
等专业学校—教材 Ⅳ. ①G634.603

中国版本图书馆 CIP 数据核字(2021)第 178310 号

图书意见反馈　zhijiao@bnupg.com
营销中心电话　010-58806880　58801876
编辑部电话　010-58806368　58807762

出版发行：北京师范大学出版社　www.bnupg.com
　　　　　北京市西城区新街口外大街 12-3 号
　　　　　邮政编码：100088
印　　刷：唐山玺诚印务有限公司
经　　销：全国新华书店
开　　本：890 mm×1240 mm　1/16
印　　张：8
字　　数：137 千字
版　　次：2022 年 3 月第 1 版
印　　次：2024 年 12 月第 10 次印刷
定　　价：16.20 元

策划编辑：林　子　余娟平　　责任编辑：马力敏
美术编辑：焦　丽　　　　　　装帧设计：焦　丽
责任校对：康　悦　　　　　　责任印制：赵　龙

"十四五"职业教育国家规划教材（中等职业学校公共基础课程教材）出版说明

为贯彻党的二十大精神，落实《中华人民共和国职业教育法》规定，深化职业教育"三教"改革，全面提高技术技能型人才培养质量，按照《职业院校教材管理办法》《中等职业学校公共基础课程方案》和有关课程标准的要求，在国家教材委员会的统筹领导下，根据教育部职业教育与成人教育司安排，教育部职业教育发展中心组织有关出版单位完成对数学、英语、信息技术、体育与健康、艺术、物理、化学 7 门公共基础课程国家规划新教材修订工作，修订教材经专家委员会审核通过，统一标注"十四五"职业教育国家规划教材（中等职业学校公共基础课程教材）。

修订教材根据教育部发布的中等职业学校公共基础课程标准和国家新要求编写，全面落实立德树人根本任务，突显职业教育类型特征，遵循技术技能人才成长规律和学生身心发展规律，聚焦核心素养、注重德技并修，在教材结构、教材内容、教学方法、呈现形式、配套资源等方面进行了有益探索，旨在推动中等职业教育向就业和升学并重转变，打牢中等职业学校学生的科学文化基础，提升学生的综合素质和终身学习能力，提高技术技能人才培养质量，巩固中等职业教育在职业教育体系中的基础地位。

各地要指导区域内中等职业学校开齐开足开好公共基础课程，认真贯彻实施《职业院校教材管理办法》，确保选用本次审核通过的国家规划修订教材。如使用过程中发现问题请及时反馈给出版单位，以推动编写、出版单位精益求精，不断提高教材质量。

中等职业学校公共基础课程教材建设专家委员会

2023 年 6 月

中等职业学校数学课程是中等职业学校各专业学生必修的公共基础课程，承载着落实立德树人根本任务、发展素质教育的功能，具有基础性、发展性、应用性和职业性等特点。本套教材是"十四五"职业教育国家规划教材（中等职业学校公共基础课程教材），依据《中等职业学校公共基础课程方案》和《中等职业学校数学课程标准》（以下简称"新课标"）编写。

一、本套教材的主要内容

本套教材注重提升学生数学运算、直观想象、逻辑推理、数学抽象、数据分析和数学建模六大数学学科核心素养；注重提高学生学习数学的兴趣，增强学生学好数学的主动性和自信心，使学生养成理性思维、敢于质疑、善于思考的科学精神和精益求精的工匠精神，加深对数学的科学价值、应用价值、文化价值和审美价值的认识；注重依据中职学生的实际情况，为不同需求的学生提供未来发展所需的数学知识，并培养其相应的数学能力。

本套教材内容体系如下。

```
                                      ┌─ 基础知识 ──┬─ 第一单元  集合
                                      │            └─ 第二单元  不等式
                        ┌─ 上册 ──────┤
                        │            │            ┌─ 第三单元  函数
                        │            └─ 函数 ──────┼─ 第四单元  指数函数与对数函数
         基础模块 ──────┤                         └─ 第五单元  三角函数
                        │            ┌─ 几何与代数 ┬─ 第六单元  直线与圆的方程
                        └─ 下册 ──────┤            └─ 第七单元  简单几何体
                                      └─ 概率与统计 ── 第八单元  概率与统计初步

                                      ┌─ 基础知识 ──── 第一单元  充要条件（简易逻辑）
                                      │            ┌─ 第二单元  三角计算
                        ┌─ 上册 ──────┼─ 函数 ──────┤
                        │            │            └─ 第三单元  数列
                        │            │  几何与代数  ┌─ 第四单元  平面向量
                        │            └─（几何部分）─┼─ 第五单元  圆锥曲线
        拓展模块一 ──────┤                         └─ 第六单元  立体几何
                        │            ┌─ 几何与代数 ── 第七单元  复数
                        └─ 下册 ──────┤（代数部分）
                                      │            ┌─ 第八单元  排列组合
                                      └─ 概率与统计 ┼─ 第九单元  随机变量及其分布
                                                   └─ 第十单元  统计
```

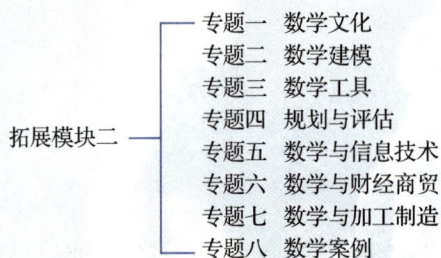

二、本套教材的主要特色

·紧扣新课标新理念，注重发展核心素养

为全面贯彻党的教育方针、落实立德树人根本任务，本套教材严格依据新课标编写，全面落实新课标要求，在数学内容设计中突出数学学科核心素养，注重学生数学核心素养的提升。

·重视实践体现应用，突显数学育人价值

本套教材充分考虑中等职业教育的教学规律、一线职业学校学生的实际情况和学生未来职业发展需求，注重创设贴近学生生活、未来职场的数学情境，生动自然地引入、呈现、展开数学知识的学习。数学情境多源自日常生活、社会生活或生产实践案例，注重在案例情境中提出数学问题，使学生学会运用数学知识和数学思维解决实际问题，提升学生的数学运用能力。

·新知生成旧知迁移，有机构建数学整体

本套教材注重数学新知识的自然生成，设置"知识回顾""问题提出/观察思考""分析理解""抽象概括"等栏目，通过层层递进的符合逻辑规律的结构体例，让学生了解数学知识的来龙去脉。教材注意各部分知识之间的内在联系，通过类比、联想、知识的迁移和应用等手段，使学生体会知识之间的有机联系，感受数学的整体性，正确认识数学的本质。

·尊重学生主体地位，体现分层教学理念

本套教材坚持以学生为本，尊重学生主体地位，关注学生的个体差异。在例题选择、习题编排等方面均差别化设置难度，突出学业水平评价要素，体现分层教学的理念，既适应不同地区、不同专业类别、不同数学基础学生的特点，又兼顾学生升学和就业的需要。

三、本套教材的配套资源

本套教材为学生提供配套学习指导与能力训练，帮助学生进行同步复习与学习检测，兼顾升学和就业两种发展需求，提升学生学习效率和效果。

"京师智教"为本套教材配套资源服务平台，为教师开展多样化教学、学生开展个性化自主学习提供全方位的支持和服务。本套教材配备丰富的数字资源，资源类型包括教学课件、同步教案、重难点知识讲解视频、重难点习题讲解视频以及在线交互习题等。我们将继续开展其他优质数字教学资源的研发和建设，不断更新和丰富相关内容，做到与时俱进。师生可访问京师智教官方网站：https：//jsek.bnuic.com，登录后搜索书名进行查看。

四、本教材的编写团队及分工

本套教材由北京师范大学数学科学学院曹一鸣教授担任主编，负责设计教材的编写提纲、编写体例，本册教材为拓展模块一下册，由曾善鹏(浙江师范大学教师教育学院、杭州市电子信息职业学校)、刘静(北京市西城区教育学院)担任分册主编，干琼宇(杭州市电子信息职业学校)、黄毅刚(广州市旅游商务职业学校)担任分册副主编。本册教材书稿撰写分工如下：第七单元，陈金涛(昆明铁道职业技术学院)；第八单元，干琼宇；第九单元，张晶强(北京市西城外国语学校)；第十单元，全水聪(包头市第九中学)；曹一鸣对全书进行统稿、定稿，曾善鹏、刘静、干琼宇、黄毅刚、高晓兵(北部湾职业技术学校)参与全书的审稿和定稿工作。

在教材前期的试教试用过程中，我们收到了很多省市数学教研员、教师的宝贵意见和建议，在此表示感谢！

由于时间较为仓促，教材难免存在不足之处，我们诚恳地期待各位读者提出宝贵的修改意见和建议(请发邮件至 yjp@bnupg.com)。

复数与其他数一样，是数学王国中的重要组成部分．16 世纪，人们在解方程 $x^2+1=0$ 时发现，它在实数范围内没有解．那么，作为工具的数学如何解决这个问题呢？为此，人们引入了虚数单位 i，建立了复数的相关概念及运算．

复数不但对于数学本身的发展有着极其重要的意义，而且在其他科学领域也有着极其广泛的应用．例如，电学中的阻抗，是由电阻和电抗两部分组成的．电阻用实数来表示，电抗必须用虚数来表示，它们合在一起就成为一个复数表达式．利用这个复数表达式，可以快捷地解决交流电中的很多问题．另外，复数在流体力学、振动理论等方面都有广泛的应用．

本单元主要学习复数的概念、复数的几何意义、复数的加法和减法、复数的乘法、复数范围内实系数一元二次方程的解法．通过本单元的学习，掌握复数的基本内容，并能用复数理论解决简单的数学问题．

第七单元
复　数

1. 复数的概念.

理解虚数单位和复数的概念；了解复数的代数形式与复数的几何意义；理解共轭复数，初步掌握两个复数相等的条件.

2. 复数的运算.

理解复数代数形式的加法、减法和乘法运算；了解复数加法和减法运算的几何意义.

3. 复数的应用.

在复数范围内，了解实系数一元二次方程的解法.

7.1 复数的概念 >>>>>>>>>>>

7.1.1 复数的有关概念 >>>

问题提出

我们已经学习了整数、有理数、实数. 在实数集 **R** 中，根据平方的意义，我们知道一元二次方程 $x^2+1=0$ 没有解，因为没有任何一个实数的平方等于 -1. 那么，如何解决这类方程求解的问题呢？

抽象概括

为了使方程 $x^2+1=0$ 有解，引进一个新数 i，使 i 是方程的根，即 $i^2=-1$，i 叫作**虚数单位**，并规定 i 具有如下性质.

(1)i 的平方等于 -1，即 $i^2=-1$；

(2)i 与实数进行四则运算时，原有的加法和乘法运算律仍然成立.

根据虚数单位 i 具有的性质，把实数 b 和 i 相乘，结果记作 bi(规定：实数 0 与 i 的积为 0)，再将 bi 与实数 a 相加，由于满足加法和乘法运算律，其和一般写成 $a+bi$.

概念

虚数单位
复数
虚数
纯虚数
复数集
共轭复数

形如 $a+bi(a，b\in\mathbf{R})$ 的数，叫作**复数**，其中 a 叫作复数的实部，b 叫作复数的虚部. 复数一般用小写字母 z，w，…表示.

当 $b=0$ 时，复数 $a+0i$ 就是实数 a.

当 $b\neq0$ 时，复数 $a+bi$ 叫作**虚数**.

当 $a=0$，$b\neq0$ 时，复数 bi 叫作**纯虚数**.

所有复数组成的集合，叫作**复数集**，用 **C** 表示，即 $\mathbf{C}=\{z\,|\,z=a+bi，a，b\in\mathbf{R}\}$. 显然，实数集 **R** 是复数集 **C** 的真子集. 因此有

$$\mathbf{N}\subsetneqq\mathbf{Z}\subsetneqq\mathbf{Q}\subsetneqq\mathbf{R}\subsetneqq\mathbf{C}.$$

如果两个复数 $a+bi(a，b\in\mathbf{R})$ 与 $c+di(c，d\in\mathbf{R})$ 的实部和虚部分别相等，那么称这两个复数相等，记作

$$a+bi=c+di,$$

即

$$a+bi=c+di\Leftrightarrow a=c，且 b=d.$$

特别地，

$$a+bi=0\Leftrightarrow a=0，且 b=0.$$

如果两个复数的实部相等且虚部互为相反数，那么称这两个复数互为**共轭复数**. 复数 $z=a+bi(a，b\in \mathbf{R})$ 的共轭复数用 $\bar{z}$ 来表示，即

$$\bar{z}=a-bi.$$

合作交流

同桌两人，一人给出一个复数，看谁能又快又准地说出对方所给复数的实部和虚部.

例 1 指出下列各数中，哪些是实数，哪些是虚数.

$$-i，i^2，1-i，\sqrt{3}，\pi.$$

解 显然，$i^2=-1$. 所以 $i^2，\sqrt{3}，\pi$ 是实数；

$-i，1-i$ 是虚数.

例 2 指出下列复数的实部和虚部.

(1) $z_1=1+i$；   (2) $z_2=-1+\sqrt{2}$；

(3) $z_3=0$；   (4) $z_4=i$.

分析 将复数写成 $z=a+bi$ 的形式，即可知道实部和虚部.

解 (1) $z_1=1+i$ 的实部 $a=1$，虚部 $b=1$.

(2) $z_2=-1+\sqrt{2}=-1+\sqrt{2}+0i$ 的实部 $a=-1+\sqrt{2}$，虚部 $b=0$.

(3) $z_3=0=0+0i$ 的实部 $a=0$，虚部 $b=0$.

(4) $z_4=i=0+1i$ 的实部 $a=0$，虚部 $b=1$.

例 3 已知 $(x-1)-i=2+(x-y)i$，其中 $x，y$ 是实数，求 x 和 y 的值.

分析 由复数相等的定义可知，两个复数相等是指这两个复数的实部和虚部分别相等.

解 根据复数相等的定义，得

$$\begin{cases} x-1=2, \\ -1=x-y, \end{cases}$$

解方程组得 $x=3，y=4$.

例 4 分别求复数 $z_1=1-2i$，$z_2=3i$，$z_3=-5$ 的共轭复数.

分析 由共轭复数的定义可知，互为共轭复数的两个复数，它们的实部相等且虚部互为相反数.

解 根据共轭复数的定义，得

$$\overline{z}_1 = 1 + 2i, \quad \overline{z}_2 = -3i, \quad \overline{z}_3 = -5.$$

随堂练习

1. 指出下列复数的实部和虚部，并判定它们是实数还是虚数．如果是虚数，是否是纯虚数？

(1) $z_1 = 2 - i$;   (2) $z_2 = 1 + \sqrt{2}$;   (3) $z_3 = 2i$.

2. 求下列各式中实数 x 与实数 y 的值．

(1) $x - i = 1 + (x - y)i$;   (2) $(x - y) + (2x + y)i = 0$;

(3) $2x + i = (x - y) + (3x - 2y)i$.

3. 指出下列复数的共轭复数．

(1) $3 + 4i$;   (2) $-\dfrac{1}{2} + \dfrac{\sqrt{3}}{2}$;

(3) $-\pi i$;   (4) 0.

4. 已知复数 $(2a - 1) + 6i$ 是 $3 + (a - 4b)i$ 的共轭复数，求实数 a 与 b 的值．

7.1.2 复数的几何意义 ›››

问题提出

我们知道，实数与数轴上的点一一对应，可以用数轴上的点表示实数．那么，复数 $z = a + bi(a, b \in \mathbf{R})$ 是由实部 a 和虚部 b 两个实数确定的，它有什么几何意义呢？

分析理解

根据复数相等的定义，我们知道，任何一个复数 $z = a + bi(a, b \in \mathbf{R})$，都对应唯一的有序实数对 (a, b)，而有序实数对 (a, b) 与平面直角坐标系内的唯一一个点 Z 对应，点 Z 的坐标为 (a, b)（如图 7-1 所示）．反之，由平面直角坐标系内的点 $Z(a, b)$ 确定的唯一有序实数对 (a, b)，如果 a, b 分别是复数 z 的实部和虚部，那么就对应唯一的复数 $z = a + bi$．这

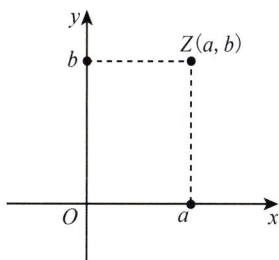

图 7-1

样复数 $z=a+bi$ 与平面直角坐标系内的点 $Z(a，b)$ 就建立了一一对应关系，即每一个复数都对应平面直角坐标系内的一个点，平面直角坐标系内的每一个点都对应一个复数.

抽象概括

> **概念**
>
> 复平面
>
> 实轴
>
> 虚轴

复数 $z=a+bi(a，b\in\mathbf{R})$ 可以用平面直角坐标系内的点 $Z(a，b)$ 表示.这种通过建立平面直角坐标系来表示复数的平面叫作**复平面**，x 轴叫作**实轴**，y 轴叫作**虚轴**.实轴上的点都表示实数，虚轴上除原点外的点都表示纯虚数.

建立了复平面，就建立了复平面内的点 $(a，b)$ 与复数 $z=a+bi$ 的一一对应关系.

探究发现

> **笔记**

我们知道，在平面直角坐标系中，平面向量与有序实数对是一一对应的，而有序实数对与复数是一一对应的，因此，我们可以用平面向量来表示复数.

如图 7-1 所示，设复平面内的点 $Z(a，b)$ 表示复数 $z=a+bi(a，b\in\mathbf{R})$，以原点为起点、点 Z 为终点作向量 $\overrightarrow{OZ}$，那么，向量 $\overrightarrow{OZ}$ 由点 Z 唯一确定；反之，点 $Z(a，b)$（复数 $z=a+bi$）也可以由向量 $\overrightarrow{OZ}$ 唯一确定.因此，复数 $z=a+bi$ 与向量 $\overrightarrow{OZ}$ 之间具有一一对应关系（复数 0 与零向量对应），我们可以用向量 $\overrightarrow{OZ}$ 来表示复数 $z=a+bi$.

例如，要将复数 $z=3+4i$ 用向量来表示，可先在复平面内画出表示复数的点 $Z(3，4)$，再连接 OZ，则向量 $\overrightarrow{OZ}$ 就表示复数 $z=3+4i$（如图 7-2所示）.

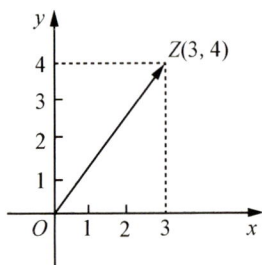

图 7-2

抽象概括

> **特别提示**
>
> 两个复数不能比较大小，但是两个复数的模可以比较大小.

设 $Z(a，b)$，则向量 $\overrightarrow{OZ}$ 的模称为复数 $z=a+bi(a，b\in\mathbf{R})$ 的**模**，记作 $|z|$ 或 $|a+bi|$.由向量模的定义可知

$$|z|=|a+bi|=\sqrt{a^2+b^2}.$$

如果 $b=0$，那么 $z=a+bi$ 是一个实数 a，它的模

$$|z|=\sqrt{a^2+b^2}=\sqrt{a^2}=|a|（a 的绝对值）.$$

如果 $a=0$，那么 $z=a+bi$ 是一个纯虚数 bi，它的模

$$|z|=\sqrt{a^2+b^2}=\sqrt{b^2}=|b|\ (b\ \text{的绝对值}).$$

例1 在复平面内分别画出表示下列复数的点，并分别求出它们的模.

(1) $z_1=-1$；　　　　　(2) $z_2=\dfrac{1}{2}i$；

(3) $z_3=1-i$；　　　　　(4) $z_4=1+i$.

分析 在复平面内，复数 $z=a+bi(a,b\in\mathbf{R})$ 可以用点 $Z(a,b)$ 表示，由此，可在复平面内找到复数对应的点.

解 在复平面内作图，如图 7-3 所示.

(1) $|z_1|=|-1|=1$；

(2) $|z_2|=\left|\dfrac{1}{2}i\right|=\left|\dfrac{1}{2}\right|=\dfrac{1}{2}$；

(3) $|z_3|=|1-i|=\sqrt{1^2+(-1)^2}=\sqrt{2}$；

(4) $|z_4|=|1+i|=\sqrt{1^2+1^2}=\sqrt{2}$.

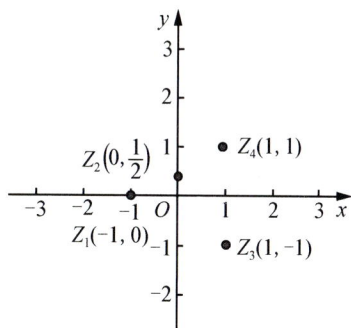

图 7-3

例2 将复数 $z_1=-2i$，$z_2=3$，$z_3=1-i$，$z_4=1+i$ 用向量表示.

分析 在复平面内，复数 $z=a+bi(a,b\in\mathbf{R})$ 可以用点 $Z(a,b)$ 表示，连接 OZ，则向量 $\overrightarrow{OZ}$ 就表示复数 $z=a+bi$.

解 如图 7-4 所示，向量 $\overrightarrow{OZ_1}$，$\overrightarrow{OZ_2}$，$\overrightarrow{OZ_3}$，$\overrightarrow{OZ_4}$ 分别表示复数 z_1，z_2，z_3，z_4.

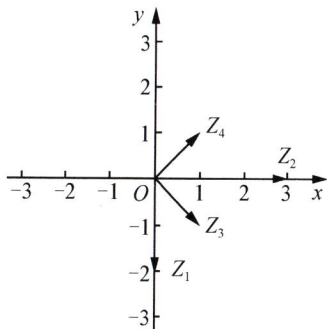

图 7-4

合作交流

(1) 同学相互讨论，为什么两个复数的模可以比较大小？

(2) 分别观察例1、例2中的 z_3，z_4，这两个复数是什么关系？它们对应的点和向量有什么特征？它们的模有什么关系？同学相互讨论.

随堂练习

1. 在复平面内画出下列复数所对应的点，并分别求出它们的模.

(1) $z_1=2i$；　　　　　(2) $z_2=-1$；

(3) $z_3=2+3i$；　　　　　(4) $z_4=3-2i$.

2. 写出图中各点所表示的复数.

第 2 题图

3. 在复平面内, 作出下列复数对应的向量.

(1)$z_1=-3+i$;　　　　　　(2)$z_2=1+2i$;

(3)$z_3=-2i$;　　　　　　(4)$z_4=1$.

习题 7.1 >>>>>>>>>>>>

水平一

1. 下列说法正确的是(　　).

A. 若复数 $z=1+2i$, 则 $\bar{z}=-1+2i$

B. 复平面中复数 z 与 $\bar{z}$ 对应的点关于虚轴对称

C. 实数的共轭复数是实数, 虚数的共轭复数是虚数

D. 复数 $z=a+bi(a,b\in\mathbf{R})$ 是虚数的充要条件是 $a=0$

2. 若复数 $z=(m-1)+mi$ 在复平面内对应的点在第二象限内, 则实数 m 的取值范围是(　　).

A. $m<0$　　B. $m>1$　　C. $0<m<1$　　D. $m<0$ 或 $m>1$

3. 复数 $z=1-5i$ 的共轭复数 $\bar{z}=$＿＿＿＿.

4. 若复数 $2m-(3m-1)i$ 是纯虚数, 则实数 $m=$＿＿＿＿.

5. 已知复数 $z_1=a+(2a+b)i$ 与 $z_2=(b+1)+i$ 相等, 求实数 a,b 的值.

6. 将下列复数用向量表示, 并求出它们的模.

(1)$z_1=1+3i$;　　　　　　(2)$z_2=-3-4i$;

(3)$z_3=-4$;　　　　　　(4)$z_4=-3i$.

水平二

1. 实数 m 满足何种条件时，复平面内表示复数 $z = (m^2 - 2m - 3) + (m^2 - 5m + 4)\mathrm{i}$ 的点.

(1)位于第一象限内；

(2)位于第二象限内；

(3)位于直线 $y = x$ 上.

2. 设 $z = x + y\mathrm{i}(x, y \in \mathbf{R})$，在复平面内，表示 $|z| = 1$ 的点的集合是什么图形.

7.2　复数的运算 >>>>>>>>>>>>

7.2.1　复数的加法和减法 >>>

问题提出

我们已经学习了实数的加法和减法运算，那么，复数如何进行加法和减法运算呢？

抽象概括

我们规定，两个复数 $z_1 = a + b\mathrm{i}(a, b \in \mathbf{R})$，$z_2 = c + d\mathrm{i}(c, d \in \mathbf{R})$ 的和仍是一个复数，和的实部是这两个复数实部的和，和的虚部是这两个复数虚部的和，即

$$(a + b\mathrm{i}) + (c + d\mathrm{i}) = (a + c) + (b + d)\mathrm{i}.$$

对于复数的减法，规定减法是加法的逆运算.

设复数 $x + y\mathrm{i}(x, y \in \mathbf{R})$ 为 z_1 与 z_2 的差，即 $(a + b\mathrm{i}) - (c + d\mathrm{i}) = x + y\mathrm{i}$，由规定得 $a + b\mathrm{i} = (x + y\mathrm{i}) + (c + d\mathrm{i})$.

根据加法法则得

$$a + b\mathrm{i} = (x + c) + (y + d)\mathrm{i}.$$

根据复数相等的定义，得

$$\begin{cases} x + c = a, \\ y + d = b \end{cases} \Rightarrow \begin{cases} x = a - c, \\ y = b - d. \end{cases}$$

从而 $(a + b\mathrm{i}) - (c + d\mathrm{i}) = (a - c) + (b - d)\mathrm{i}.$

由此可知，两个复数的差仍是一个复数，差的实部是这两个复数实部的差，差的虚部是这两个复数虚部的差.

容易验证，复数的加法满足交换律和结合律，即对任意复数 z_1，z_2，z_3，有

(1)交换律：$z_1 + z_2 = z_2 + z_1$.

(2)结合律：$(z_1 + z_2) + z_3 = z_1 + (z_2 + z_3)$.

探究发现

设复数 $z_1 = a + bi (a，b \in \mathbf{R})$ 和复数 $z_2 = c + di (c，d \in \mathbf{R})$ 在复平面内对应的向量分别为 $\overrightarrow{OZ_1} = (a，b)$ 和 $\overrightarrow{OZ_2} = (c，d)$，如图 7-5 所示.

根据平面向量的坐标运算，得

$$\overrightarrow{OZ_1} + \overrightarrow{OZ_2} = (a，b) + (c，d) = (a+c，b+d).$$

这说明两个向量 $\overrightarrow{OZ_1}$，$\overrightarrow{OZ_2}$ 的和就是与复数 $(a+c) + (b+d)i$ 对应的向量. 因此，复数的加法可以按向量的加法来进行，这就是复数加法的几何意义.

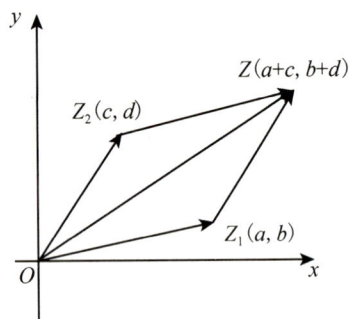

图 7-5

例 1 已知 $z_1 = 3 - 2i$，$z_2 = -1 + 3i$，求 $z_1 + z_2$，$z_1 - z_2$.

分析 复数的加法和减法运算是将复数的实部与实部相加减，虚部与虚部相加减.

解 $z_1 + z_2 = [3 + (-1)] + (-2 + 3)i = 2 + i$；

$z_1 - z_2 = [3 - (-1)] + (-2 - 3)i = 4 - 5i$.

例 2 计算 $(2+i) + (3-2i) - (1-3i)$.

分析 根据复数的加法和减法运算法则，依次对复数进行加减运算.

解 $(2+i) + (3-2i) - (1-3i)$

$= [(2+i) + (3-2i)] - (1-3i)$

$= (5-i) - (1-3i)$

$= 4 + 2i$.

例 3 证明复数加法满足交换律.

证明 设 $z_1 = a + bi (a，b \in \mathbf{R})$，$z_2 = c + di (c，d \in \mathbf{R})$，则

$$z_1 + z_2 = (a+bi)+(c+di)$$
$$= (a+c)+(b+d)i$$
$$= (c+a)+(d+b)i$$
$$= (c+di)+(a+bi)$$
$$= z_2 + z_1.$$

合作交流

尝试证明复数加法满足结合律，并与同学交流.

随堂练习

1. 计算.

(1)$(5+3i)+(3+4i)$；　　　　　(2)$(2+5i)+(1-3i)$；

(3)$(3-2i)-(-1+7i)$；　　　　(4)$2-(-3+5i)$.

2. 已知 $z=-2+5i$，求 $\bar{z}$，$z+\bar{z}$，$z-\bar{z}$.

3. 类比复数加法的几何意义，推出复数减法的几何意义.

7.2.2 复数的乘法 >>>

问题提出

我们已经知道复数的加法和减法运算，那么，复数的乘法又是怎么运算的呢?

抽象概括

两个复数 $z_1=a+bi(a, b\in \mathbf{R})$，$z_2=c+di(c, d\in \mathbf{R})$，类比多项式的乘法，并利用 $i^2=-1$，有

$$z_1 z_2 = (a+bi)(c+di)$$
$$= ac+adi+bci+bdi^2$$
$$= (ac-bd)+(ad+bc)i.$$

因此，定义复数的乘法法则：

$$(a+bi)(c+di)=(ac-bd)+(ad+bc)i.$$

显然，两个复数的积仍然是复数. 容易验证，复数的乘法运算满足交换律、结合律和分配律，即对任意复数 z_1，z_2，z_3，有

(1)交换律：$z_1 z_2 = z_2 z_1$.

特别提示

进行复数乘法运算时，实际不直接使用乘法法则，而是使用多项式乘法法则.

(2)结合律：$(z_1z_2)z_3=z_1(z_2z_3)$.

(3)分配律：$z_1(z_2+z_3)=z_1z_2+z_1z_3$.

例 1　计算$(2-i)(4+3i)$.

解　$(2-i)(4+3i)=2\times4-4\times i+2\times3i-3i^2$

$$=8-4i+6i-3i^2$$

$$=8+2i+3=11+2i.$$

对于复数z，定义它的乘方

$$z^n=\underbrace{z\cdot z\cdot\cdots\cdot z}_{n\uparrow}.$$

根据复数乘法的运算律，实数的正整数指数幂的运算法则对复数也成立，即对于复数z，z_1，z_2和正整数m，n，有

$$z^mz^n=z^{m+n},$$

$$(z^m)^n=z^{mn},$$

$$(z_1z_2)^m=z_1^mz_2^m.$$

对于i有如下运算规律：

$$i^0=1,\ i^1=i,\ i^2=-1,\ i^3=-i,\ \cdots$$

一般地，对于任意自然数n，有

$$i^{4n}=1,\ i^{4n+1}=i,\ i^{4n+2}=-1,\ i^{4n+3}=-i.$$

例 2　计算.

(1)$(2-i)^4$;　　　　　　(2)$(1+i)^2(3+4i)$.

解　(1)$(2-i)^4=[(2-i)^2]^2$

$$=(4-4i-1)^2$$

$$=(3-4i)^2$$

$$=9-24i+16i^2$$

$$=9-24i-16$$

$$=-7-24i.$$

(2)$(1+i)^2(3+4i)=(1+2i+i^2)(3+4i)$

$$=(1+2i-1)(3+4i)$$

$$=2i(3+4i)$$

$$=6i+8i^2$$

$$=-8+6i.$$

例3 计算.

(1)$(5+6i)(5-6i)$;   (2)$(-2+7i)(-2-7i)$.

解 (1)$(5+6i)(5-6i)=25+30i-30i-36i^2$

$=25-36i^2$

$=61.$

(2)$(-2+7i)(-2-7i)=4-14i+14i-49i^2$

$=4-49i^2$

$=53.$

合作交流

观察例3每个算式中的两个复数,它们有什么关系?它们的积有什么特征?你能用一般的复数说明吗?与同学相互交流.

随堂练习

1. 计算.

(1)$(5-2i)(-3i)$;   (2)$(2-3i)(-1+2i)$;

(3)$\left(\frac{1}{2}+\frac{\sqrt{3}}{2}i\right)(1-2i)$;   (4)$\left(\frac{\sqrt{2}}{2}i-\frac{\sqrt{2}}{2}\right)\left(\frac{1}{2}+\frac{\sqrt{3}}{2}i\right)$.

2. 计算:i^{17},i^{28},i^{10},i^{31}.

3. 已知$z_1=-3i$,$z_2=-2-i$,$z_3=1+i$,求:

(1)z_1z_2;   (2)z_1^3;   (3)$z_1(z_1+z_2)$;   (4)$z_1(z_2z_3)$.

习题 7.2 >>>>>>>>>>>>>

水平一

1. 设复数$z_1=1-2i$,$z_2=3+i$,则$z_1+z_2=($).

A. $3+2i$ B. $-2+i$ C. $4-i$ D. $4+i$

2. 设复数$z_1=1-i$,$z_2=2-i$,则复数z_1z_2所对应的点位于复平面的(   ).

A. 第一象限   B. 第二象限   C. 第三象限   D. 第四象限

3. 设复数$z_1=4-3i$,$z_2=1+i$,则$z_1z_2=$_____.

4. $i^3=$_____,$i^5=$_____,$i^8=$_____,$i^{15}=$_____.

5. 已知 $z_1=3-i$，$z_2=-1+2i$，$z_3=1-3i$，求：

(1) $z_1+z_2-z_3$；   (2) $z_1z_2z_3$；   (3) z_1^4.

水平二

1. $i+i^2+i^3+i^4=$ _____ .

2. 已知 $a+2i=(b-i)i(a，b\in\mathbf{R})$，则 $a=$ _____ ，$b=$ _____ .

3. 若复数 $z_1=1+2i$，$z_2=a+i$，且 $z_1\bar{z}_2$ 是实数，求实数 a 的值.

4. 若复数 z 满足 $(z-2)(1-i)=2$，求复数 z.

7.3 复数范围内实系数一元二次方程的解法 >>>

问题提出

我们知道，对于实系数一元二次方程 $ax^2+bx+c=0(a\neq0)$，当 $\Delta=b^2-4ac>0$ 时，方程有两个不同的实数解；当 $\Delta=b^2-4ac=0$ 时，方程有两个相同的实数解；当 $\Delta=b^2-4ac<0$ 时，方程在实数范围内没有解. 那么，方程在复数范围内是否有解呢？若有，如何求解？

探究发现

现在我们在复数范围内考虑当 $\Delta=b^2-4ac<0$ 时，实系数一元二次方程 $ax^2+bx+c=0(a\neq0)$ 的解法.

方程可变形为

$$\left(x+\frac{b}{2a}\right)^2-\frac{b^2-4ac}{4a^2}=0,$$

即 $\left(x+\frac{b}{2a}\right)^2=\frac{b^2-4ac}{4a^2}$.

由于 $b^2-4ac<0$，故有

$$x+\frac{b}{2a}=\frac{\pm\sqrt{-(b^2-4ac)}\,i}{2a}.$$

所以实系数一元二次方程 $ax^2+bx+c=0(a\neq0)$ 在复数范围内的两个解为

$$x_{1,2}=\frac{-b\pm\sqrt{-(b^2-4ac)}\,i}{2a}(b^2-4ac<0).$$

显然，这两个解是一对共轭复数. 也就是说，实系数一元二次方程的复数解是一对共轭复数，且满足 $x_1+x_2=-\dfrac{b}{a}$，$x_1x_2=\dfrac{c}{a}$.

例 1 在复数范围内解方程 $x^2+4x+5=0$.

解 因为 $\Delta=16-20=-4<0$，所以

$$x_{1,2}=\frac{-4\pm\sqrt{4}\,\mathrm{i}}{2}=\frac{-4\pm2\mathrm{i}}{2}=-2\pm\mathrm{i}.$$

例 2 已知实系数一元二次方程 $2x^2+mx+n=0$ 的一个解是 $1-\mathrm{i}$，求 m，n 的值.

分析 解答本题的关键在于理解实系数一元二次方程的复数解是一对共轭复数.

解 由题意知，方程的另一解为 $1+\mathrm{i}$，从而

$$(1-\mathrm{i})+(1+\mathrm{i})=-\frac{m}{2}，\quad(1-\mathrm{i})(1+\mathrm{i})=\frac{n}{2}，$$

解得 $m=-4$，$n=4$.

合作交流

(1)例 2 中，尝试将 $1-\mathrm{i}$ 代入方程，求出 m，n，并与同学交流.

(2)在复数范围内讨论实系数一元二次方程 $ax^2+bx+c=0(a\neq0)$ 的解的情况，并与同学交流.

随堂练习

在复数范围内解下列一元二次方程.

(1)$2x^2+1=0$; (2)$x^2+2x+3=0$;

(3)$3x^2+2x+1=0$; (4)$4x^2-2x+1=0$.

习题 7.3 >>>>>>>>>>>

水平一

1. 若实系数一元二次方程的一个解是 $\dfrac{1}{2}-\dfrac{\sqrt{3}}{2}\mathrm{i}$，则该方程的另一个解是_____.

2. 若方程 $x^2 + mx + 2 = 0$ 有虚数解，则实数 m 的取值范围是 _____.

3. 在复数范围内解一元二次方程 $x^2 - x + 6 = 0$.

水平二

1. 若复数 z 满足 $z^3 = 8$，则 $z^2 + 2z + 2$ 的值是 _____.

2. 在复数范围内分解因式：$x^2 + x + 2 =$ _____.

3. 若方程 $x^2 - bx + c = 0$ 的一个解是 $2 + i$，求实数 b，c 的值.

数学园地 >>>>>>>>>>>>>

复数的发展史

笔 记

"复数"与"虚数"这两个名词，都是人们在解方程时引入的. 在用公式求一元二次方程、一元三次方程的根时，就会遇到求负数的平方根的问题.

1545 年，意大利数学家卡尔达诺的《大术》一书被公认为第一本引入复数概念的数学专著. 然而，他在这本著作中就给复数戴上了一顶"既不可捉摸，又没有用处"的帽子，预示着出生后的复数是命运多舛的.

1572 年，意大利另一位数学家邦贝利的《代数学》一书，第一次定义了复数的代数运算，但又否定说"所有这些似乎是以诡辩而不是真理为基础的". 所以当时复数被称为"不可纯数"或"虚数".

所有这些困惑和麻烦皆指向"什么是虚数(复数)"这一根本性的问题.

瑞士数学大师欧拉说："一切形如$\sqrt{-1}$的数学式子都是不可能有的、想象的数，因为它们所表示的是负数的平方根. 对于这类数，我们只能断言，它们既不是什么都不是，也不比什么都不是多些什么，更不比什么都不是少些什么，它们纯属虚幻." 然而，真理性的东西一定可以经得住时间的考验，最终占有自己的一席之地. 法国数学家达朗贝尔在 1747 年指出，如果按照多项式的四则运算规则对虚数进行运算，那么它的结果总是 $a+\sqrt{-b}$ 的形式(a，b 都是实数). 欧拉在《微分公式》(1777 年)一文第一次用 i 来表示-1 的平方根，首创了用符号 i 作为虚数的单位. "虚数"实际上不是想象出来的，而是确实存在的.

直到 18 世纪末 19 世纪初，挪威的测量学家韦塞尔、瑞士人阿尔冈和德国数学家高斯先后独立地给出了复数的几何表示. 此后不久，人们将复数广泛应用于电工学、流体力学、振动理论、机翼理论中，然后又建立了以复数为变数的"复变函数"理论. 这是一个崭新而强有力的数学分支，让我们深刻认识到了"虚数不虚"的道理.

至此，复数被揭去神秘的面纱，有了立足之地. 人们开始承认复数是实实在在的数，而不再是虚无缥缈的虚幻之数.

单元小结 >>>>>>>>>>>

学习导图

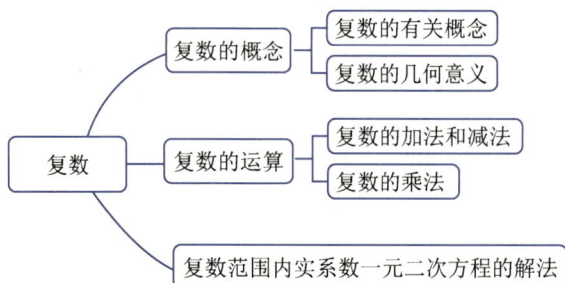

学习指导

1. 复数的概念.

(1)复数的定义：形如 $a+bi(a，b\in\mathbf{R})$ 的数，叫作复数，其中 a 叫作复数的实部，b 叫作复数的虚部. 复数一般用小写字母 z，w，…表示.

当 $b=0$ 时，复数 $a+0i$ 就是实数 a.

当 $b\neq0$ 时，复数 $a+bi$ 叫作虚数.

当 $a=0$，$b\neq0$ 时，复数 bi 叫作纯虚数.

若两个复数 $a+bi(a，b\in\mathbf{R})$ 与 $c+di(c，d\in\mathbf{R})$ 相等，则 $a=c$，且 $b=d$.

复数 $z=a+bi(a，b\in\mathbf{R})$ 的共轭复数是 $\bar{z}=a-bi$，即互为共轭复数的两个复数，其实部相等且虚部互为相反数.

(2)复数的几何意义：有复数的坐标表示与向量表示两种形式. 复数的坐标表示是复数 $z=a+bi(a，b\in\mathbf{R})$ 可用复平面内的点 $Z(a，b)$ 表示；复数的向量表示是首先将 $z=a+bi(a，b\in\mathbf{R})$ 用复平面内的点 $Z(a，b)$ 表示，再连接 OZ，则向量 $\overrightarrow{OZ}$ 就表示复数 $z=a+bi$.

2. 复数的运算.

(1)复数的加法和减法运算法则与多项式的加法和减法运算法则类似，复数的加法和减法运算可以将实部与实部相加减，虚部与虚部相加减，即

$$(a+bi)+(c+di)=(a+c)+(b+d)i,$$
$$(a+bi)-(c+di)=(a-c)+(b-d)i,$$

其中 a，b，c，$d\in\mathbf{R}$.

复数的加法满足交换律和结合律.

（2）复数乘法运算法则与多项式乘法运算法则类似，两个复数的乘法运算可依此进行，并在所得的结果中，令 $i^2=-1$ 合并后写出实部与虚部.

复数的乘法运算满足交换律、结合律和分配律.

3. 复数范围内实系数一元二次方程的解法.

求实系数一元二次方程的解时，需要考虑 $\Delta=b^2-4ac$ 的值与 0 的关系. 若 $\Delta\geqslant0$ 时，方程的解为 $x_{1,2}=\dfrac{-b\pm\sqrt{b^2-4ac}}{2a}$；若 $\Delta<0$ 时，方程的解为 $x_{1,2}=\dfrac{-b\pm\sqrt{-(b^2-4ac)}\,i}{2a}$.

笔 记

单元检测 >>>>>>>>>>>>

水平一

1. 选择题.

(1)设复数 $z=1-2i$，则 $\bar{z}=($).

A. $-1+2i$ B. $-1-2i$ C. $1+2i$ D. $1-2i$

(2)已知复数 $z=(m-1)+mi$ 所对应的点位于复平面的第二象限，则实数 m 的取值范围是(   ).

A. $m>0$ B. $m<1$

C. $0<m<1$ D. $m<0$ 或 $m>1$

(3)设复数 $z_1=1-i$，$z_2=-5+4i$，则 $z_1+z_2=($).

A. $-4+3i$ B. $-6+5i$ C. $6-5i$ D. $4-3i$

(4)设复数 $z_1=2-3i$，$z_2=1+i$，则 $z_1z_2=($).

A. $-5+i$ B. $5+i$ C. $5-i$ D. $-5-i$

(5)在复数范围内，$x^2+x+7=0$ 的解是(   ).

A. $-1\pm3i$ B. $-\dfrac{1}{2}\pm\dfrac{3\sqrt{3}}{2}i$ C. $-\dfrac{1}{2}\pm\dfrac{27}{2}i$ D. $\dfrac{1}{2}\pm\dfrac{3\sqrt{3}}{2}i$

2. 填空题.

(1)以 $2i-\sqrt{3}$ 的虚部为实部，并以 $-i+1$ 的实部为虚部构成的复数 $z=$ _____.

(2)设复数 $z_1=5+3i$，$z_2=-1-2i$，则 $z_1z_2=$ _____.

(3)已知 $(x+1)-i=y+(2-y)i(x,\ y\in\mathbf{R})$，则 $x=$ _____，$y=$ _____.

(4)$i+i^2+i^3+\cdots+i^{100}=$ _____.

(5)实系数一元二次方程 $x^2+px+q=0$ 有一个解是 $1-i$，则 $p=$ _____，$q=$ _____.

3. 解答题.

(1)计算 $(2+3i)(1-2i)^2$.

(2)已知复数 z 的共轭复数是 $\bar{z}$，且 $z+\bar{z}=2$，$z\bar{z}=4$，z 的虚部是正数，求复数 z.

(3)已知复数 z 满足 $(1-i)z=2+3i$，求复数 z.

水平二

1. 已知 $z=(a-\mathrm{i})^2(a\in\mathbf{R})$，若 z 是纯虚数，求 a 的值.

2. 已知复数 $(a+b\mathrm{i})(1-\mathrm{i})=(1+\mathrm{i})^2(a,b\in\mathbf{R})$，求 $a-b$ 的值.

3. 已知实系数方程 $x^2-2mx+(m+2)=0$.

(1) 如果该方程有实数解，求 m 的取值范围；

(2) 如果该方程有虚数解，求 m 的取值范围.

血型是根据人的红细胞表面同族抗原的差别而进行的一种分类. 由于人类红细胞所含的凝集原不同，而将血液分成若干型，故称血型. 人类的每一种血型系统都是由遗传因子决定的，并具有免疫学特性. 最多而常见的血型系统为 ABO 血型，分为 A，B，AB，O 四型. ABO 血型系统是根据红细胞表面有无特异性抗原 A 和 B 来进行分类的，这一分类原则实际上要用到本单元将要学习的组合知识.

　　本单元将以实际生活例子为载体，了解两个计数原理，理解排列和组合的定义，并运用排列和组合的定义与性质解决相关的生活实际问题，培养分析问题、解决问题的能力.

第八单元
排列组合

1. 分类、分步计数原理.

理解分类计数原理和分步计数原理；初步掌握用两个计数原理解决实际问题的方法.

2. 排列与排列数公式.

理解排列的有关概念；理解生活中的简单排列问题；了解排列数公式的推导过程.

3. 组合与组合数公式.

理解组合的有关概念；理解排列问题与组合问题的区别；了解组合数公式的推导过程和组合数的性质.

4. 排列组合的应用.

初步掌握用排列组合解决概率计算等简单实际问题的方法.

5. 二项式定理.

了解二项式定理的推导过程及二项展开式的特征；了解二项展开式的通项公式及二项式系数的性质.

8.1　计数原理 >>>>>>>>>>>

8.1.1　分类计数原理 >>>

问题提出 ?

中国共产党已走过百年奋斗历程. 为庆祝中国共产党成立 100 周年，某学校要举办三项比赛活动. 第一项活动，"唱支山歌给党听"歌唱比赛，共有 8 支队伍参赛；第二项活动，党史诵读比赛，共有 10 支队伍参赛；第三项活动，"我爱我的祖国"演讲比赛，共有 6 支队伍参赛. 小红要参加其中 1 支队伍，她有多少种不同的选择？

分析理解

小红可以参加"唱支山歌给党听"歌唱比赛这项活动的 8 支队伍中的 1 支，有 8 种不同的选择；也可以参加党史诵读比赛这项活动的 10 支队伍中的 1 支，有 10 种不同的选择；还可以参加"我爱我的祖国"演讲比赛这项活动的 6 支队伍中的 1 支，有 6 种不同的选择. 所以，小红共有

$$8+10+6=24(种)$$

不同的选择.

抽象概括

一般地，有如下原理：

分类计数原理　完成一件事，有 n 类办法，在第 1 类办法中有 m_1 种不同的方法，在第 2 类办法中有 m_2 种不同的方法……在第 n 类办法中有 m_n 种不同的方法，那么完成这件事共有

$$N=m_1+m_2+\cdots+m_n$$

种不同的方法.

例 1　根据新时代劳动教育要求，某小学在课外活动时间开设了两类课程：一类是园艺类课程，共有盆景设计、草坪修剪等 6 门不同的课程；另一类是手工类课程，共有十字绣、布艺制作等 7 门不同的课程. 小明要选报其中一门课程，有多少种不同的选择？

笔记

概念
分类计数原理

分析　小明选报课程可分两类来选择：

第 1 类，选报园艺类课程，可以从 6 门不同的课程中任选一门，共有 6 种不同的选择；

第 2 类，选报手工类课程，可以从 7 门不同的课程中任选一门，共有 7 种不同的选择.

所以，小明要选报其中一门课程，有 6＋7＝13 种不同的选择.

解　根据分类计数原理得 6＋7＝13，即小明要选报其中一门课程，共有 13 种不同的选择.

例 2　某中职学校有艺术类、人文类、技能类三类社团，其中艺术类社团有绘画、萨克斯等 7 个不同的社团，人文类社团有演讲、小说赏析等 9 个不同的社团，技能类社团有茶艺、网页制作等 10 个不同的社团. 小陈要参加其中一个社团，有多少种不同的选择？

分析　小陈参加社团可分三类来选择：

第 1 类，参加艺术类社团，可以从 7 个不同的社团中任选一个，共有 7 种不同的选择；

第 2 类，参加人文类社团，可以从 9 个不同的社团中任选一个，共有 9 种不同的选择；

第 3 类，参加技能类社团，可以从 10 个不同的社团中任选一个，共有 10 种不同的选择.

所以，小陈要参加其中一个社团，有 7＋9＋10＝26 种不同的选择.

解　根据分类计数原理得 7＋9＋10＝26，即小陈要参加其中一个社团，共有 26 种不同的选择.

随堂练习

1. 某食堂提供了 4 种不同的荤菜、6 种不同的素菜. 小赵要选择一个菜，有_____种不同的选择.

2. 在一次读书活动中，学校提供了 50 本不同的中外小说、30 本不同的散文集、40 本不同的人物传记. 某同学从中选读一本，共有_____种不同的选择.

3. 学校准备组织教师参观红色革命教育基地，事先让三位教师在三个不同的区域分别联系不同的基地. 已知教师甲联系了 3 个可供参观的基地，教师乙联系了 4 个可供参观的基地，教师丙联系了 2 个可供参观的基地，那么该校共有_____种不同的选择.

8.1.2 分步计数原理 >>>

问题提出

为推进教育精准扶贫政策实施，2019 年，浙江杭州与贵州台江结对帮扶．支教老师准备从杭州坐高铁到凯里，再从凯里坐大巴车到台江．大巴车可以提前预约，出发前台江为支教老师提供了 3 辆大巴车供选择．已知当时一天中从杭州到凯里的高铁有 14 个车次．那么，支教老师从杭州到台江有多少种不同的选择？

分析理解

在上述问题中，支教老师从杭州到台江不能直接到达，必须经过凯里．从杭州到凯里有 14 个不同的车次可以选择，选择其中的任一车次后，支教老师都可以提前预约 3 辆大巴车的任意一辆从凯里到达台江．所以，支教老师从杭州到台江共有

$$14 \times 3 = 42(\text{种})$$

不同选择.

抽象概括

一般地，有如下原理：

分步计数原理 完成一件事，需要分成 n 个步骤，做第 1 步有 m_1 种不同的方法，做第 2 步有 m_2 种不同的方法……做第 n 步有 m_n 种不同的方法，那么完成这件事共有

$$N = m_1 \cdot m_2 \cdot \cdots \cdot m_n$$

种不同的方法.

概念

分步计数原理

例 1 根据新时代劳动教育要求，某小学在课外活动时间开设了两类课程：一类是园艺类课程，共有盆景设计、草坪修剪等 6 门不同的课程；另一类是手工类课程，共有十字绣、布艺制作等 7 门不同的课程．已知园艺类课程和手工类课程的时间不重复，小明要选报一门园艺类课程和一门手工类课程，他有多少种不同的选择？

分析 小明要完成课程选报可分两步进行：

第 1 步，选报园艺类课程，可以从 6 门不同的课程中任选一门，共有 6

种不同的选择；

第 2 步，选报手工类课程，可以从 7 门不同的课程中任选一门，共有 7 种不同的选择.

以上两个步骤都完成，小明的课程选报才算完成. 所以，小明要选报一门园艺类课程和一门手工类课程，共有 $6\times7=42$ 种不同的选择.

解　根据分步计数原理得 $6\times7=42$，即小明要选报一门园艺类课程和一门手工类课程，共有 42 种不同的选择.

例 2　一个密码锁共由 5 位数字组成，每一位上都有 0，1，2，…，9 这 10 个数字. 试问，这个密码锁共含多少个不同的数字组合？

分析　密码锁由 5 位数字组成：

第 1 位，可以从 0，1，2，…，9 这 10 个数字中任意选取 1 个，有 10 种不同的选择；

第 2 位，可以从 0，1，2，…，9 这 10 个数字中任意选取 1 个，有 10 种不同的选择；

…………

第 5 位，可以从 0，1，2，…，9 这 10 个数字中任意选取 1 个，有 10 种不同的选择.

以上 5 个步骤依次完成，5 位数字才算组合完成. 所以，这个密码锁共含有 $10\times10\times10\times10\times10=10^5$ 个不同的数字组合.

解　根据分步计数原理得 $10\times10\times10\times10\times10=10^5$，即这个密码锁共含 10^5 个不同的数字组合.

例 3　在 8.1.1 的例 2 中，已知三大类社团的活动时间不冲突，小陈要参加两种不同类的社团各 1 个，有多少种不同的选择？

分析　小陈参加社团可分三类来选择：

第 1 类，参加 1 个艺术类社团和 1 个人文类社团. 第 1 步，参加 1 个艺术类社团，可以从 7 个不同的社团中任选 1 个，共有 7 种不同的选择；第 2 步，参加 1 个人文类社团，可以从 9 个不同的社团中任选 1 个，共有 9 种不同的选择. 两个步骤都完成，小陈才算完成了选择. 所以，在这一类中他共有 $7\times9=63$ 种不同的选择.

第 2 类，参加 1 个艺术类社团和 1 个技能类社团，他共有 $7\times10=70$ 种不同的选择.

第 3 类，参加 1 个人文类社团和 1 个技能类社团，他共有 $9 \times 10 = 90$ 种不同的选择.

所以，小陈要参加两种不同类的社团各 1 个，共有 $63 + 70 + 90 = 223$ 种不同的选择.

解　根据分类计数原理和分步计数原理得 $7 \times 9 + 7 \times 10 + 9 \times 10 = 223$，即小陈要参加两种不同类的社团各 1 个，共有 223 种不同的选择.

随堂练习

1. 某食堂提供了 4 种不同的荤菜、6 种不同的素菜. 小赵要选择一个荤菜、一个素菜，有_____种不同的选择.

2. 在学期评比中，A 班有 5 名学生被评为优秀学生干部，B 班有 3 名学生被评为优秀学生干部. 现要在 A 班、B 班中各选 1 名学生参加学校表彰大会，共有_____种不同的选择.

3. 在一次读书活动中，学校提供了 50 本不同的中外小说、30 本不同的散文集、40 本不同的人物传记. 若某同学准备选择两本不同类的书进行阅读，则他有_____种不同的选择.

4. 有 3 位游客需要住宿(每人单独住一间)，有 4 家酒店提供住宿，共有_____种不同的选择.

5. 从甲地到乙地有 2 条陆路可走，从乙地到丙地有 3 条陆路可走，从甲地直接到丙地有 2 条水路可走，那么从甲地到丙地共有多少种不同的走法？

> **特别提示**
>
> 如果完成一件事情既要分类又要分步，那么可以先分类再分步. 类和类之间相互独立，用分类计数原理相加；步和步之间相互依存，用分步计数原理相乘.

习题 8.1 >>>>>>>>>>>>

水平一

1. 书架上有 10 本不同期的《中国教师》、15 本不同期的《中等职业教育》. 某学生从中任取一本阅读，有(　　)种不同的取法.

  A. 10　　　　　B. 15　　　　　C. 25　　　　　D. 150

2. 开学前，为美化教室，教师让班长买 1 幅画和 1 幅字. 班长看到一家网店有 30 幅画和 15 幅字出售，他想从中进行选择，共有(　　)种不同的选法.

    A. 2   B. 30   C. 45   D. 450

    3. 由数字 1，2，3，4，5 可以组成(　　)个三位数.（各位上的数字可以重复）

    A. 15   B. 60   C. 125   D. 243

    4. 学校团委为校礼仪队购买服装，经过挑选，有 4 款上衣、3 款裤子比较合适. 如果要选购整套衣服，共有多少种搭配方法？

    5. 某企业研发部有男员工 8 人、女员工 3 人. 现要选派人员出国考察学习.

    (1)如果只选派一人，有多少种不同的选派方法？

    (2)如果选派男、女各一人，有多少种不同的选派方法？

水平二

    1. 由数字 0，1，2，3，4，5 可以组成多少个三位数？（各位上的数字不可以重复）

    2. 某市对家用小轿车启用区域号牌，已知号牌共有 5 位，规定第 2 个和第 5 个位置上都使用 26 个英文大写字母，第 1、第 3、第 4 这三个位置上都使用 0，1，2，…，9 这 10 个数字，如"2N59Y"就是一个区域号牌. 那么该市共有多少个区域号牌可使用？

    3. 有 4 名学生参加三项比赛，三项比赛的时间各不相同.

    (1)若要求每名学生只参加一项比赛，共有多少种不同的参赛方法？

    (2)若要求每项比赛只有一名学生参加，共有多少种不同的参赛方法？

8.2　排列 »»»»»»»»»»»

8.2.1　排列问题 »»»

问题提出

    从 2，3，4，5 这 4 个数字中任意选取 2 个数字组成一个两位数，能组成哪些两位数？你能不能列出所有这些两位数？

分析理解

从 2，3，4，5 这 4 个数字中任意选取 2 个数字组成一个两位数，可以分两步完成：

第 1 步，确定十位上的数字，可以从 2，3，4，5 这 4 个数字中任意选取 1 个，有 4 种不同的选择；

第 2 步，确定个位上的数字，由于 4 个数字中已经选取了 1 个数字作为十位上的数字，所以仅剩下 3 个数字可供选取，有 3 种不同的选择.

根据分步计数原理，共可以组成 $4 \times 3 = 12$ 个两位数. 这些两位数为：

$$23，24，25；$$
$$32，34，35；$$
$$42，43，45；$$
$$52，53，54.$$

抽象概括

我们把被选取的对象(如上面的 2，3，4，5 中的任何一个)叫作元素. 那么上面的问题就是从 4 个不同的元素中任取 2 个元素，然后按照一定的顺序排成一列，求所有排列情况.

一般地，从 n 个不同元素中任取 $m(m \leqslant n)$ 个元素，按照一定的顺序排成一列，叫作从 n 个不同元素中任取 m 个元素的一个**排列**.

例如，上面的"23"是一个排列，"32"也是一个排列，显然两者是不同的排列.

如果 $m < n$，那么从 n 个不同元素中任取 m 个元素的排列，叫作**选排列**. 如果 $m = n$，那么从 n 个不同元素中任取 m 个元素的排列，叫作**全排列**.

研究从 n 个不同元素中任取 $m(m \leqslant n)$ 个元素的所有排列的个数，这类计数问题叫作**排列问题**.

例 1 因对学生进行劳动教育的需要，某小学在操场边开辟了甲、乙、丙 3 块地分配给四年级 3 个班的学生种植花草，共有多少种不同的分配方案？

分析 把 3 个班分别记作 1 班、2 班、3 班，每一块地都有可能分配给其中的任意一个班. 所有的分配方案如下.

概念
排列
选排列
全排列
排列问题

笔记

笔记

　　甲地——1 班　乙地——2 班　丙地——3 班；

　　甲地——1 班　乙地——3 班　丙地——2 班；

　　甲地——2 班　乙地——1 班　丙地——3 班；

　　甲地——2 班　乙地——3 班　丙地——1 班；

　　甲地——3 班　乙地——1 班　丙地——2 班；

　　甲地——3 班　乙地——2 班　丙地——1 班.

综上，共有 6 种不同的分配方案.

事实上，要完成分配可以分三个步骤进行：

第 1 步，分配甲地，可以分配给 1 班，可以分配给 2 班，也可以分配给 3 班，共有 3 种不同的分配方法；

第 2 步，分配乙地，因为一个班已经分配到甲地，所以，乙地只能分配给没有分到地的其他班，只有 2 种不同的分配方法；

第 3 步，分配丙地，因为两个班已经分配到地，所以只剩一个没有分到地的班，只有 1 种不同的分配方法.

根据分步计数原理，共有 $3\times2\times1=6$ 种不同的分配方案.

解　根据分步计数原理得 $3\times2\times1=6$，即共有 6 种不同的分配方案.

例 2　数字 0，2，7，8 可以组成多少个没有重复数字的三位数？并写出所有的排列.

分析　组成一个三位数可以分三个步骤进行：

第 1 步，确定百位上的数字，因为百位上的数字不能为 0，所以，只能从 2，7，8 这 3 个数字中任意选取 1 个，有 3 种不同的选择；

第 2 步，确定十位上的数字，因为百位上的数字已确定，而各个位置上的数字不能重复，所以十位上的数字只能从余下的 3 个数字中任意选取 1 个，有 3 种不同的选择；

第 3 步，确定个位上的数字，因为百位、十位上的数字都已确定，而各个位置上的数字不能重复，所以个位上的数字只能从余下的 2 个数字中任意选取 1 个，有 2 种不同的选择.

根据分步计数原理，共有 $3\times3\times2=18$ 个三位数.

解　根据分步计数原理得 $3\times3\times2=18$，即可以组成 18 个没有重复数字的三位数.

所有的排列为：

207　208　270　278　280　287

702　　708　　720　　728　　780　　782

802　　807　　820　　827　　870　　872

例3　某中职学校安排 3 个班的学生到不同的企业进行为期一周的社会实践，每个班只去一家企业. 现学校联系了 4 家企业，它们都有足够的岗位提供社会实践，且每家企业最多接收一个班的学生实习，共有多少种不同的安排方法?

📖 笔 记

分析　完成这件事，可以分三个步骤进行：

第 1 步，安排第 1 个班的社会实践，这个班可以选择 4 家企业中的任何一家，共有 4 种不同的选择；

第 2 步，安排第 2 个班的社会实践，因为已经有一家企业接收了一个班的学生，所以，第 2 个班只能从余下的 3 家企业中选择一家，共有 3 种不同的选择；

第 3 步，安排第 3 个班的社会实践，因为已经有两家企业接收了两个班的学生，所以，第 3 个班只能从余下的 2 家企业中选择一家，共有 2 种不同的选择.

根据分步计数原理，共有 $4 \times 3 \times 2 = 24$ 种不同的安排方法.

解　根据分步计数原理得 $4 \times 3 \times 2 = 24$，即共有 24 种不同的安排方法.

随堂练习

1. 某城市地铁 1 号线沿途共设 30 个站点，乘客乘坐一次地铁，从不同站点上、下地铁共有_____种可能性.

2. 从 5 本不同的书中任选 3 本，分别送给甲、乙、丙 3 名学生，共有_____种不同的方案.

3. 4 名学生准备结伴一起去 3 个景点游玩一天，共有_____种不同的游玩线路.

4. 写出红、黄、绿三种颜色构成的全排列，并指出共有多少种排列方法.

5. 从 2，3，5，7，11 这 5 个数中任取 2 个数，共可组成多少个不同的分数?

■ >>> 8.2.2　排列数公式

问题提出

从 2，3，4，5 这 4 个数字中任意取出 2 个数字共可以组成多少个没有重复数字的两位数？

分析理解

> **概念**
> 排列数
> 排列数公式
> 阶乘

求从 2，3，4，5 这 4 个数字中任意取出 2 个数字共可以组成多少个没有重复数字的两位数，事实上，就是求从 2，3，4，5 这 4 个元素中任意取出 2 个元素的所有排列的个数．从 8.2.1 节中我们已经知道共可以组成 $4 \times 3 = 12$ 个两位数，即给定 4 个元素，任取 2 个元素就分两步完成，第 1 步有 4 种不同的选择，第 2 步有 3 种不同的选择，共有 $4 \times 3 = 12$ 种选择．

我们把从 4 个不同元素中取出 2 个元素的所有排列的个数，叫作从 4 个不同元素中取出 2 个元素的排列数，用符号 A_4^2 表示，则 $A_4^2 = 4 \times 3 = 12$.

笔记

抽象概括

一般地，从 n 个不同元素中任取 m（$m \leqslant n$）个元素的所有排列的个数，叫作从 n 个不同元素中任取 m 个元素的**排列数**，用符号 A_n^m 表示.

探究发现

如何计算 A_n^m？

因为每一个排列都是从 n 个不同元素中任取 m（$m \leqslant n$）个元素，按照一定的顺序排成一列的，所以我们可以把每一个排列看成从 n 个不同元素中取 m 次（取后不放回），每次取一个元素依次放置而成．这样，计算从 n 个不同元素中取出 m 个元素的排列数，可以分 m 步来完成．

第 1 步，取第 1 个元素放置在第 1 个位置上，可以从这 n 个元素中任意选取 1 个，共有 n 种不同的选取方法；

第 2 步，取第 2 个元素放置在第 2 个位置上，这时只能从剩下的 $(n-1)$ 个元素中任意选取 1 个，共有 $(n-1)$ 种不同的选取方法；

第 3 步，取第 3 个元素放置在第 3 个位置上，这时只能从剩下的 $(n-2)$ 个元素中任意选取 1 个，共有 $(n-2)$ 种不同的选取方法；

··········

第 m 步，取第 m 个元素放置在第 m 个位置上，这时只能从剩下的 $[n-(m-1)]$ 个元素中任意选取 1 个，共有 $(n-m+1)$ 种不同的选取方法.

根据分步计数原理，从 n 个不同元素中取出 m 个元素的排列数为 $n(n-1)(n-2)\cdot\cdots\cdot(n-m+1)$，即

$$A_n^m = n(n-1)(n-2)\cdot\cdots\cdot(n-m+1).$$

其中 m，$n\in\mathbf{N}_+$，且 $m\leqslant n$，这个公式叫作**排列数公式**. 在这个公式中，右边是从正整数 n 开始的 m 个连续的正整数相乘.

当 $m=n$ 时，此公式即为

$$A_n^n = n(n-1)(n-2)\cdot\cdots\cdot 3\cdot 2\cdot 1.$$

在这个公式中，右边是从正整数 n 开始的 n 个连续的正整数相乘，即从正整数 1 到 n 的连乘积，这个连乘积也叫作 n 的**阶乘**，用 $n!$ 表示.

所以，n 个不同元素的全排列数公式为

$$A_n^n = n! = n(n-1)(n-2)\cdot\cdots\cdot 3\cdot 2\cdot 1.$$

因为 $(n-m)! = (n-m)(n-m-1)\cdot\cdots\cdot 3\cdot 2\cdot 1$，所以排列数公式还可以写成

$$A_n^m = \frac{n!}{(n-m)!}.$$

我们规定 $0! = 1$，所以，当 $n=m$ 时，$(n-m)! = 0! = 1$，上述公式依然成立.

不难得出，$A_n^0 = 1$.

例 1　计算 A_5^2 与 A_{11}^3.

解　$A_5^2 = 5\times 4 = 20$，

$A_{11}^3 = 11\times 10\times 9 = 990$.

例 2　5 名同学站成一排，甲不能站在两端，共有多少种不同的排法?

分析　甲不能站在两端，那么甲可以从中间的 3 个位置中任意选取 1 个位置站，共有 A_3^1 种排列方法；余下的 4 名同学没有受任何限制，可以任意排列，共有 A_4^4 种排列方法. 所以共有 $A_3^1\times A_4^4$ 种不同的排法.

解　5 名同学站成一排，甲不能站在两端的排列数为

$$A_3^1\times A_4^4 = 3\times 4\times 3\times 2\times 1 = 72,$$

即共有 72 种不同的排法.

笔 记

笔记

💡 特别提示

求解排列问题时，具有限制条件的元素也称特殊元素（如例 2 中的甲），需要优先考虑. 先把所有特殊元素排列完成，再排没有限制条件的元素，这种方法在排列中称为优限法.

例 3　用 0，1，2，…，9 这 10 个数字，可以组成多少个没有重复数字的四位数？

分析　显然，四位数的首位即千位上不能是 0，所以，确定千位上的数字，可以从 1 到 9 这 9 个数字中任意选取 1 个，共有 A_9^1 取法；百位、十位、个位上的数字没有任何限制，但是 10 个数字已经有 1 个用于千位，所以，只能从剩下的 9 个数字中选取 3 个进行排列，其排列数为 A_9^3. 故可以组成 $A_9^1 \times A_9^3$ 个没有重复数字的四位数.

解　用 0，1，2，…，9 这 10 个数字，组成没有重复数字的四位数的排列数为 $A_9^1 \times A_9^3 = 9 \times 9 \times 8 \times 7 = 4\ 536$.

💡 特别提示

此题也可以用排除法求解，即先求出从 0 到 9 这 10 个数字中取出 4 个数字的排列数，再减千位上的数字是 0 的排列数. 请同学们思考并完成求解过程. 排列中的一些问题用排除法能起到化繁为简的作用.

随堂练习 📖

1. 在空格处填上正确的数字.

n	2	3	4	5	6	7	8
$n!$							

2. 计算.

(1) $A_4^1 =$ _____；　　(2) $A_{12}^2 =$ _____；　　(3) $A_8^3 =$ _____.

3. 用数字 1，2，3，4，5 可以组成多少个没有重复数字的三位偶数？

4. 6 名同学站成一排，甲站排头，共有多少种不同的排法？

习题 8.2 >>>>>>>>>>>

水平一

1. 式子 $12 \times 11 \times 10 \times 9$ 可用排列数表示为( ).

A. A_{12}^4 　　 B. A_{12}^9 　　 C. A_9^4 　　 D. A_9^9

2. 一张录有学校文艺汇演节目的光盘，4 个班级要轮流观看，不同的观看顺序共有( ).

A. 4 种 　　 B. 24 种 　　 C. 48 种 　　 D. 256 种

3. 计算.

(1) $A_5^3 = $_____; 　　　　(2) $A_3^1 + A_3^2 + A_3^3 = $_____.

4. 写出从 a，b，c 三个元素中任取 2 个元素的所有排列.

5. 用数字 1，2，3，4，5 共可以组成多少个没有重复数字的四位数?

水平二

1. 6 名同学站成一排，甲和乙必须站在一起，共有多少种不同的排法?

2. 用数字 0，1，2，3，4，5 共可以组成多少个没有重复数字的四位数?

3. 有一排 7 个座位相连的椅子，因疫情防控需要，人员就座时要求每个人的左右两侧都要有空位. 现有甲、乙、丙三个人都想坐，共有多少种就座方法?

8.3　组合 >>>>>>>>>>>

8.3.1　组合问题 >>>

观察思考

从 2，3，4，5 这 4 个数字中任意选取 2 个数字组成一个集合，能组成哪些集合? 你能不能写出所有这些集合?

分析理解 🎯

这个问题与8.2.1节中的"从2，3，4，5这4个数字中任意选取2个数字组成一个两位数，能组成哪些两位数"不同．8.2.1节中的两位数中个位数字与十位数字交换，结果不同，也就是说组成的两位数与数字排列的顺序有关，如选到数字2与3，可以组成数"23"，也可以组成数"32"．而此问题中选取2个数字组成一个集合，根据集合中元素的无序性，如选到数字2与3，只能组成一个集合{2，3}．

所以，从2，3，4，5这4个数字中任意选取2个数字组成一个集合，能组成的所有集合为{2，3}，{2，4}，{2，5}，{3，4}，{3，5}，{4，5}．

抽象概括 ⚙️

一般地，从 n 个不同元素中任取 $m(m \leqslant n)$ 个元素，组成一组，叫作从 n 个不同元素中取出 m 个元素的一个**组合**．

如果两个组合中的元素完全相同，那么不管元素选取的顺序如何，它们是相同的组合．只有当两个组合中的元素不完全相同时，才是不同的组合．

上面的问题中要确定所有符合条件的集合，就是从4个不同的元素中任取2个元素，组成一组，求所有的组合情况．

研究从 n 个不同元素中任取 $m(m \leqslant n)$ 个元素的所有组合的个数，这类计数问题叫作**组合问题**．

例1 平面内有 A，B，C，D 四个点，其中任意三点不共线，那么，连接任意两点，可以有多少条线段？

分析 显然，线段的连接与字母的选取顺序无关．先选取 A 点再选取 B 点，或者先选取 B 点再选取 A 点，所连接的线段都是 AB．

解 由 A，B，C，D 四个点可连接成线段 AB，AC，AD，BC，BD，CD，故共可以连接成6条线段．

例2 为庆祝中国共产党成立100周年，学校组织教师分批次参观党史馆，第一批次中王老师、陈老师、李老师3人中只去2人，共有多少种不同的方案？

分析 同一批次参观党史馆，参加人员与选取顺序无关．先选王老师再选陈老师，或者先选陈老师再选王老师，结果相同.

解 方案一：王老师、陈老师参观党史馆；

方案二：王老师、李老师参观党史馆；

方案三：陈老师、李老师参观党史馆.

所以，共有 3 种不同的方案.

笔记

例 3 判断下列问题哪些是排列问题，哪些是组合问题.

(1)从 5 本不同的书中任选 3 本，分别送给甲、乙、丙 3 名学生，共有多少种不同的方案？

(2)从 5 本不同的书中任选 3 本送给 1 名学生，共有多少种不同的方案？

(3)从 2，3，5，7，11 这 5 个数中任取 2 个数，共可组成多少个不同的分数？

(4)从 2，3，5，7，11 这 5 个数中任取 2 个数，共可组成多少个不同的真分数？

分析 (1)选取的 3 本书要送给 3 名学生，每名学生所得的书不一样，所以，这是排列问题；(2)选取的 3 本书送给 1 名学生，不管选取顺序如何，结果相同，所以，这是组合问题；(3)若取到 2 与 3，既可以组成 $\frac{2}{3}$ 也可以组成 $\frac{3}{2}$，数 2 与 3 的放置位置不同，结果不同，所以，这是排列问题；(4)若取到 2 与 3，真分数只能组成 $\frac{2}{3}$，结果唯一，所以，这是组合问题.

解 (1)(3)是排列问题；(2)(4)是组合问题.

随堂练习

1. 从 5 本不同的书中任选 3 本送给 1 名学生，共有_____种不同的方案.

2. 从 1，2，3，4，5 这 5 个数中任取 2 个数，使它们的积是偶数，共有_____种不同的选取方法.

3. 写出从 a，b，c，d 这 4 个字母中任取 3 个字母的所有组合.

4. 从 2，3，5，7，11 这 5 个数中任取 2 个数，共可组成多少个不同的真分数？

5. 排列与组合的区别是什么？请各举一个例子.

8.3.2　组合数公式 >>>

观察思考 🔍

从 2，3，4，5 这 4 个数字中任意选取 2 个数字组成一个集合，共可以组成多少个集合？

分析理解 ◎

求从 2，3，4，5 这 4 个数字中任意选取 2 个数字共可以组成多少个集合的问题，事实上，就是求从 2，3，4，5 这 4 个元素中任取 2 个元素的所有组合的个数。从 8.2.1 节中我们已经知道能组成的所有集合为 $\{2，3\}$，$\{2，4\}$，$\{2，5\}$，$\{3，4\}$，$\{3，5\}$，$\{4，5\}$，所以共可以组成 6 个集合。

抽象概括 ⚙

概念

组合数

组合数公式

一般地，从 n 个不同元素中任取 $m\,(m \leqslant n)$ 个元素的所有组合的个数，叫作从 n 个不同元素中任取 m 个元素的**组合数**，用符号 C_n^m 表示。

如何计算 C_n^m？

显然，排列问题与组合问题有着密切的关系。我们将从研究组合数 C_n^m 与排列数 A_n^m 的关系入手，寻求组合数 C_n^m 的计算公式。

例如，从 2，3，4，5 这 4 个数字中取出 2 个数字的排列与组合的关系如表 8-1 所示。

表 8-1

组合	排列
2，3	23，32
2，4	24，42
2，5	25，52
3，4	34，43
3，5	35，53
4，5	45，54

从表 8-1 中可以看出，对于每一个组合，都有相应的 A_2^2 个不同的排列。因此，求从 4 个不同的元素中任取 2 个元素的排列数 A_4^2，可以分两步完成。

第 1 步，求出从 4 个不同的元素中任取 2 个元素的组合数，有 C_4^2 个。

由表 8-1 可知，$C_4^2 = 6$.

第 2 步，对每一个组合中的 2 个不同的元素进行全排列，其排列数均为 $A_2^2 = 2$ 个.

根据分步计数原理，可得

$$A_4^2 = C_4^2 \times A_2^2.$$

此式可化为

$$C_4^2 = \frac{A_4^2}{A_2^2}.$$

一般地，求从 n 个不同元素中任取 m 个元素的排列数 A_n^m，可以分两步完成.

第 1 步，求出从 n 个不同的元素中任取 m 个元素的组合数，有 C_n^m 个;

第 2 步，对每一个组合中的 m 个不同的元素进行全排列，其排列数均为 A_m^m.

根据分步计数原理，可得

$$A_n^m = C_n^m \times A_m^m.$$

因此，组合数的计算公式为

$$C_n^m = \frac{A_n^m}{A_m^m} = \frac{n(n-1)(n-2)\cdot \cdots \cdot (n-m+1)}{m!} = \frac{n!}{m!\,(n-m)!}.$$

其中 $m \in \mathbf{N}$，$n \in \mathbf{N}_+$，且 $m \leqslant n$. 这个公式叫作**组合数公式**.

例 1 计算 C_5^2 与 C_9^3.

解 $C_5^2 = \dfrac{5 \times 4}{2!} = 10$，

$C_9^3 = \dfrac{9 \times 8 \times 7}{3!} = 84$.

例 2 某班期中数学考试中有 8 名学生成绩在 90 分以上，数学老师准备从这些学生中选 4 人参加学校数学竞赛，共有多少种不同的选法?

分析 选学生参加学校数学竞赛，只与选取的人员有关，与选取的顺序无关，所以这是一个从 8 个元素中选取 4 个元素的组合问题.

解 从这 8 名学生中选 4 人参加学校数学竞赛，不同的选法有

$$C_8^4 = \frac{8 \times 7 \times 6 \times 5}{4!} = 70(\text{种}).$$

例3 某学校为持续抓好党史、新中国史、改革开放史、社会主义发展史宣传教育，引导学生知史爱党、知史爱国，举办"新时代好少年．红心向党"读书活动，某小组有 5 名男生、3 名女生，现推选 3 名学生参加学校组织的"新时代好少年·红心向党"读书活动，若要求既要有男生参加也要有女生参加，共有多少种不同的推选方案？

分析 推选 3 名学生参加读书活动，只与推选的人员有关，与推选的顺序无关，所以这是一个组合问题．要求既要有男生参加也要有女生参加，可将其分为两类：一类是有 1 名男生、2 名女生参加；另一类是有 2 名男生、1 名女生参加．每一类都需要分两步完成．

第 1 类，有 1 名男生、2 名女生参加，可分两步完成：第 1 步，推选 1 名男生，只能从 5 名男生中选取，有 C_5^1 种选取方法；第 2 步，推选 2 名女生，只能从 3 名女生中选取，有 C_3^2 种选取方法．所以，这一类共有 $C_5^1 C_3^2$ 种推选方案．

第 2 类，有 2 名男生、1 名女生参加，可分两步完成：第 1 步，推选 2 名男生，只能从 5 名男生中选取，有 C_5^2 种选取方法；第 2 步，推选 1 名女生，只能从 3 名女生中选取，有 C_3^1 种选取方法．所以，这一类共有 $C_5^2 C_3^1$ 种推选方案．

以上两类推选方案相加即得结论．

解 既要有男生参加也要有女生参加，不同的推选方案共有

$$C_5^1 \times C_3^2 + C_5^2 \times C_3^1 = 5 \times 3 + 10 \times 3 = 45(\text{种}).$$

随堂练习

1. 计算.

　(1)$C_{11}^3 = $ _____；　　　(2)$C_{12}^0 = $ _____；　　　(3)$C_9^6 = $ _____．

2. 圆周上有 7 个点，共可以组成 _____ 个不同的三角形．

3. 某校二年级 10 个班之间要举行篮球赛，如果比赛采用单循环赛（每班都与其他各班比赛一场），共需要安排多少场比赛？

4. 某企业研发部有 12 名人员，为坚持科技自立自强、人才引领驱动，从中选派 3 名人员出国参加培训，已知研发部负责人甲必须参加培训，共有多少种选派方法？

5. 某车间有工人 10 人，其中正、副组长各 1 人，现欲选 4 人参加技能比赛，若要求正、副组长至少有 1 人必须参加，共有多少种不同的参赛方案？

笔记

8.3.3 组合数的两个性质 >>>

观察思考

(1)从 6 名学生中选出 2 名学生参加演讲比赛,有多少种不同的选法?

(2)从 6 名学生中选出 4 名学生参加植树活动,有多少种不同的选法?

分析理解

从 6 名学生中选出 2 名学生参加演讲比赛,共有 $C_6^2 = \dfrac{6 \times 5}{2!} = 15$ 种不同的选法;从 6 名学生中选出 4 名学生参加植树活动,共有 $C_6^4 = \dfrac{6 \times 5 \times 4 \times 3}{4!} = 15$ 种不同的选法.

可以看出,从 6 个不同的元素中选出 2 个元素的组合数与从 6 个不同的元素中选出 4 个元素的组合数相同.

抽象概括

一般地,组合数具有如下性质.

性质 1
$$C_n^m = C_n^{n-m}.$$

证明 $C_n^m = \dfrac{n!}{m!\,(n-m)!}$,

$$C_n^{n-m} = \dfrac{n!}{(n-m)!\,[n-(n-m)]!} = \dfrac{n!}{(n-m)!\,m!}.$$

所以 $C_n^m = C_n^{n-m}$.

此性质也可以这样理解,从 n 个不同的元素中取出 m 个元素组成一组后,剩下的 $(n-m)$ 个元素自然也成一组,即每取出 m 个元素都有唯一的 $(n-m)$ 个元素与之对应. 所以,从 n 个不同的元素中取出 m 个元素的组合数一定与从 n 个不同的元素中取出 $(n-m)$ 个元素的组合数相等.

例 1 计算 C_{20}^{18},C_{20}^{19} 与 C_{21}^{19}.

解 $C_{20}^{18} = C_{20}^2 = \dfrac{20 \times 19}{2!} = 190$,

$C_{20}^{19} = C_{20}^1 = 20$,

$C_{21}^{19} = C_{21}^2 = \dfrac{21 \times 20}{2!} = 210$.

笔记

观察思考

由例 1 可以看出，$C_{20}^{18} + C_{20}^{19} = C_{21}^{19}$．此关系式是否具有一般性？

抽象概括

事实上，组合数具有如下性质．

性质 2　　　　　　　　$C_n^m + C_n^{m-1} = C_{n+1}^m$．

证明　$C_n^m + C_n^{m-1} = \dfrac{n!}{m!\,(n-m)!} + \dfrac{n!}{(m-1)!\,[n-(m-1)]!}$

$$= \dfrac{n!\,(n-m+1)}{m!\,(n-m+1)!} + \dfrac{n!\,m}{m!\,(n-m+1)!}$$

$$= \dfrac{n!\,[(n-m+1)+m]}{m!\,(n-m+1)!}$$

$$= \dfrac{(n+1)!}{m!\,(n-m+1)!}$$

$$= C_{n+1}^m.$$

所以 $C_n^m + C_n^{m-1} = C_{n+1}^m$．

我们也可以直观地理解以上性质，从 n 个红球和 1 个白球中任取 m 个球，可以用组合数 C_{n+1}^m 表示，也可以将其分为两类：一类抽到的 m 个球都是红球，则有 C_n^m 种取法；另一类抽到的 m 个球中有一个是白球，则有 C_n^{m-1}，故共有 $C_n^m + C_n^{m-1}$ 种取法，所以 $C_n^m + C_n^{m-1} = C_{n+1}^m$．

例 2　计算 $C_{100}^{97} + C_{100}^{98}$．

解　$C_{100}^{97} + C_{100}^{98} = C_{101}^{98} = C_{101}^3 = \dfrac{101 \times 100 \times 99}{3!} = 166\,650$．

例 3　计算 $C_3^3 + C_4^3 + C_5^3 + C_6^3 + \cdots + C_{20}^3$．

分析　根据组合数的性质 2，下标相同的两个组合数才可能相加，所以需要把 C_3^3 化为 C_4^4，则 $C_4^4 + C_4^3 = C_5^4$，再继续利用组合数的性质 2 逐步化简．

解　$C_3^3 + C_4^3 + C_5^3 + C_6^3 + \cdots + C_{20}^3$

$$= C_4^4 + C_4^3 + C_5^3 + C_6^3 + \cdots + C_{20}^3$$

$$= C_5^4 + C_5^3 + C_6^3 + \cdots + C_{20}^3$$

$$= C_6^4 + C_6^3 + \cdots + C_{20}^3$$

$$= C_{21}^4$$

$$=\frac{21\times20\times19\times18}{4!}$$
$$=5\,985.$$

笔记

随堂练习

1. 计算.

(1)$C_{100}^{98}=$_____;　　(2)$C_{50}^{49}=$_____;　　(3)$C_{11}^{8}=$_____.

2. 计算.

(1)$C_{6}^{2}+C_{6}^{3}=$_____;　　　　　　(2)$C_{9}^{3}+C_{9}^{4}=$_____.

3. 计算 $C_{30}^{28}+C_{30}^{29}$.

4. 计算 $C_{11}^{10}+C_{12}^{11}+C_{13}^{12}+C_{14}^{13}+C_{15}^{14}$.

5. 计算 $C_{7}^{2}+C_{7}^{3}+C_{8}^{4}+C_{9}^{5}+C_{10}^{6}$.

习题 8.3 >>>>>>>>>>>>

水平一

1. 某医院准备从 10 名医生中选派 2 名医生给一个学校的学生接种某疫苗，不同的派法共有(　　).

A. 12 种　　　　B. 20 种　　　　C. 45 种　　　　D. 90 种

2. 已知 $A_{n}^{m}=336$，$C_{n}^{m}=56$，则 m 的值为(　　).

A. 2　　　　　B. 3　　　　　C. 4　　　　　D. 6

3. 计算.

(1)$C_{13}^{10}-C_{12}^{9}=$_____;　　　　　　(2)$C_{n}^{8}-C_{n+1}^{9}+C_{n}^{9}=$_____.

4. 从 2，3，5，11，13 中取出两个数相乘，其积共有多少种不同的结果?

5. 某公司为把好产品质量关，让客户放心，以严谨、细致的工匠精神做好产品检查，从 100 件产品中任意抽出 3 件进行检查. 如果这 100 件产品中有 2 件次品，那么抽出的 3 件产品中恰有 1 件次品的情况有多少种?

水平二

1. 已知 $C_{17}^{x+2}=C_{17}^{2x}$，求 x 的值.

2. 小陈、小王、小李、小钱 4 名同学同时报考某一所高等职业技术学院，被录取的不同情况有多少种?

3. 某小组有 5 名男生、6 名女生，现推选 3 名学生参加学校举办的迎新年健康跑，其中至少有 1 名女生参加的不同的推选方法有多少种?

8.4 排列与组合的应用 >>>>>>>>>>>

观察思考

从 5 名学生中，选出 2 名学生.

(1)参加新时代劳动教育会议，有多少种不同的选法？

(2)分别承担植树和修剪草坪工作，有多少种不同的选法？

分析理解

第(1)题中选出的 2 名学生参加会议，只与所选的学生有关，与所选的顺序无关，所以这是一个组合问题. 第(2)题中选出的 2 名学生承担两项不同的工作，一名学生承担植树工作，另一名学生承担修剪草坪工作. 这不仅与所选的学生有关，也与所选的顺序有关，所以这是一个排列问题.

抽象概括

排列问题与组合问题的区别：

排列问题——与顺序有关；

组合问题——与顺序无关.

排列问题与组合问题的联系：

排列问题实际上是先从 n 个不同元素中取出 m 个元素(组合问题)，再把这 m 个元素全排列.

排列数与组合数的关系：

$$A_n^m = C_n^m \cdot A_m^m.$$

例 1 某园林专业班共有 30 名学生.

(1)老师准备从中选择 3 名学生组建班委会暂时处理班级事务(不设具体职务)，共有多少种不同的选择方法？

(2)老师准备从中选择 3 名学生分别担任班长、生活委员、学习委员，共有多少种不同的选择方法？

分析 第(1)题所选的学生不分具体职务，所以只与选取的学生有关，与选取的顺序无关，这是一个组合问题. 第(2)题所选的学生担任具体职务，所以不仅与选取的学生有关，也与选取的顺序有关，这是一个排列问题.

解　(1)从 30 名学生中选择 3 名学生组建班委会，不同的选择方法共有

$$C_{30}^3 = \frac{30 \times 29 \times 28}{3!} = 4\ 060(种).$$

(2)从 30 名学生中选择 3 名学生分别担任班长、生活委员、学习委员，不同的选择方法共有

$$A_{30}^3 = 30 \times 29 \times 28 = 24\ 360(种).$$

笔 记

例 2　在一次校际篮球赛中，共有 16 支球队参赛，比赛采用先预赛、再决赛的方式进行．预赛时把 16 支球队平均分成两个小组，小组内采用单循环赛制(每两队比赛一场)决出前两名参加决赛；决赛时 4 支球队之间采用双循环赛制(主客场制)．请问整个篮球赛共需比赛多少场？

分析　预赛时每个小组内采用单循环赛制，是从 8 个不同的元素中选取 2 个元素的组合问题；决赛采用双循环赛制，是从 4 个不同的元素中选取 2 个元素的排列问题．

解　预赛需比赛 $2 \times C_8^2$ 场；决赛需比赛 A_4^2 场，所以整个篮球赛共需比赛的场数是

$$2 \times C_8^2 + A_4^2 = 2 \times \frac{8 \times 7}{2!} + 4 \times 3 = 68(场).$$

例 3　烹饪专业某小组由 5 名男生、3 名女生组成，在一次实习工作中，要从中选出 2 名男生和 2 名女生分别承担洗、切、烧、装盘这 4 项工作，共有多少种不同的选取方法？

分析　这是一个排列组合混合问题，解题的关键是要合理分步．一般先组合、后排列，合理分步，使解答不重不漏．此题可以分三步进行：

第 1 步，从 5 名男生中选出 2 名男生，有 C_5^2 种不同的选取方法；

第 2 步，从 3 名女生中选出 2 名女生，有 C_3^2 种不同的选取方法；

第 3 步，对选出的 4 名学生进行全排列，有 A_4^4 种不同的选取方法．

解　从 5 名男生、3 名女生中选出 2 名男生、2 名女生分别承担洗、切、烧、装盘这 4 项工作，不同的选取方法共有

$$C_5^2 \cdot C_3^2 \cdot A_4^4 = \frac{5 \times 4}{2!} \times 3 \times 4 \times 3 \times 2 \times 1 = 720(种).$$

随堂练习

1. 请举一个排列问题，并解答．

2. 请举一个组合问题，并解答．

3. 为推进新农村建设，某村从 10 名村干部中选出 3 名入户宣传，共有多少种不同的选取方法？

笔 记

4. 有 5 种不同的小麦种子和 4 块不同的试验田,现要选 3 种小麦种子种在 3 块试验田里进行试验,共有多少种不同的方案?

习题 8.4 ▷▷▷▷▷▷▷▷▷▷▷

水平一

1. 5 名成绩优秀的学生都想参加"学习之星"评比,但是名额只有 2 个,不同的参加方案有(　　).

A. 5 种　　　　　B. 10 种　　　　　C. 20 种　　　　　D. 120 种

2. 学校为勤工俭学的学生提供了 5 个不同的岗位,目前有 10 名学生参与竞争,不同的竞争结果共有(　　).

A. 5 种　　　　　B. 50 种　　　　　C. C_{10}^5 种　　　　　D. A_{10}^5 种

3. 从 100 件产品中任意抽出 3 件进行检查,如果这 100 件产品中有 2 件次品,那么抽出的 3 件产品中至少有 1 件次品的抽取方法有多少种?

4. 从 5 名男生、4 名女生中分别选取 3 名男生、2 名女生从事 5 项不同的实习工作,共有多少种不同的安排方法?

水平二

1. 学校组织文艺汇演,三年级排练了 4 个唱歌节目、2 个舞蹈节目,要求 2 个舞蹈节目不能连排,共有多少种不同的排列方案?

2. 从 5 台笔记本电脑和 3 台台式电脑中选取 3 台,要求笔记本电脑和台式电脑都要有,共有多少种不同的选取方法?

3. 从男乒乓球运动员 7 人和女乒乓球运动员 5 人中选出 4 人进行男女混合双打比赛,共有多少种不同的比赛方案?

8.5　二项式定理 ▷▷▷▷▷▷▷▷▷▷▷

8.5.1　二项式定理 ▷▷▷

观察思考

$$(a+b)^2 = a^2 + 2ab + b^2,$$
$$(a+b)^3 = a^3 + 3a^2b + 3ab^2 + b^3,$$

$(a+b)^4 = [(a+b)^2]^2 = (a^2 + 2ab + b^2)^2 = a^4 + 4a^3b + 6a^2b^2 + 4ab^3 + b^4.$

你能否从以上式子中找出规律，写一写 $(a+b)^5$ 的展开式？

分析理解

我们不妨把上面的三个式子作如下改变：

$(a+b)^2 = C_2^0 a^2 + C_2^1 ab + C_2^2 b^2,$

$(a+b)^3 = C_3^0 a^3 + C_3^1 a^2 b + C_3^2 ab^2 + C_3^3 b^3,$

$(a+b)^4 = C_4^0 a^4 + C_4^1 a^3 b + C_4^2 a^2 b^2 + C_4^3 ab^3 + C_4^4 b^4.$

从上式可以看出，展开式的项数为指数值+1，再观察展开式中各项组合数的变化规律，a 与 b 的指数变化规律，可以得出：

$$(a+b)^5 = C_5^0 a^5 + C_5^1 a^4 b + C_5^2 a^3 b^2 + C_5^3 a^2 b^3 + C_5^4 ab^4 + C_5^5 b^5.$$

抽象概括

一般地，有

$(a+b)^n = C_n^0 a^n + C_n^1 a^{n-1} b + C_n^2 a^{n-2} b^2 + \cdots + C_n^m a^{n-m} b^m + \cdots + C_n^n b^n \ (n \in \mathbf{N}_+).$

我们把上面的式子称为**二项式定理**，等号右边的多项式叫作 $(a+b)^n$ 的二项展开式，共有 $(n+1)$ 项，其中 $C_n^m (m=0, 1, 2, \cdots, n)$ 叫作二项式系数。式中的 $C_n^m a^{n-m} b^m$ 叫作二项展开式的通项，它是展开式中的第 $(m+1)$ 项，记作

$$T_{m+1} = C_n^m a^{n-m} b^m.$$

我们把上式称为**二项展开式的通项公式**.

例1 求 $(x+2y)^6$ 的展开式.

分析 二项式定理中的 $a=x$，$b=2y$，在展开时要注意整体代入.

解 $(x+2y)^6 = C_6^0 x^6 + C_6^1 x^5 (2y) + C_6^2 x^4 (2y)^2 + C_6^3 x^3 (2y)^3 +$
$\qquad\qquad C_6^4 x^2 (2y)^4 + C_6^5 x (2y)^5 + C_6^6 (2y)^6$
$\qquad = x^6 + 12x^5 y + 60x^4 y^2 + 160x^3 y^3 + 240x^2 y^4 +$
$\qquad\qquad 192xy^5 + 64y^6.$

例2 求 $\left(2x - \dfrac{3}{\sqrt{x}}\right)^5$ 的展开式中的第 3 项.

笔记

分析　二项式定理中的 a 在此题中为 $2x$，b 在此题中为 $-\dfrac{3}{\sqrt{x}}$，要注意整体代入.

解　$T_3=\mathrm{C}_5^2(2x)^3\left(-\dfrac{3}{\sqrt{x}}\right)^2$

$\qquad\quad=10\times8x^3\times\dfrac{9}{x}$

$\qquad\quad=720x^2.$

例 3　求 $(3a-b)^7$ 的展开式中倒数第 3 项的系数与二项式系数.

分析　某项的系数是指该项的数字因数. 某项的二项式系数是指该项的组合数，与其他的数字无关.

解　$(3a-b)^7$ 的展开式中倒数第 3 项，即第 6 项，则

$T_6=\mathrm{C}_7^5(3a)^2(-b)^5$

$\quad=21\times9a^2\times(-b^5)$

$\quad=-189\,a^2b^5.$

所以，倒数第 3 项的系数为 -189.

倒数第 3 项的二项式系数为 $\mathrm{C}_7^5=21$.

例 4　求 $\left(2\sqrt[3]{x}+\dfrac{3}{x}\right)^4$ 的展开式中的常数项.

分析　先求展开式的通项公式并化简；再根据 x 的指数为 0，可以得出 m 的值；把 m 的值代回通项公式，即可求得常数项.

解　$T_{m+1}=\mathrm{C}_4^m(2\sqrt[3]{x})^{4-m}\left(\dfrac{3}{x}\right)^m$

$\qquad\qquad=2^{4-m}\cdot3^m\cdot\mathrm{C}_4^m x^{\frac{4-m}{3}}x^{-m}$

$\qquad\qquad=2^{4-m}\cdot3^m\cdot\mathrm{C}_4^m x^{\frac{4-4m}{3}}.$

由 $\dfrac{4-4m}{3}=0$，得 $m=1$，

所以，所求的常数项是 $T_2=2^3\cdot3\cdot\mathrm{C}_4^1=96$.

随堂练习

1. $(a+2b)^6$ 的展开式中共有（　　）.

A. 5 项　　　　B. 6 项　　　　C. 7 项　　　　D. 8 项

2. $\left(3x+\dfrac{1}{x}\right)^5$ 的展开式中第 3 项的二项式系数是（　　）.

A. C_5^2　　　　B. C_5^3　　　　C. $3^3\mathrm{C}_5^2$　　　　D. $3^2\mathrm{C}_5^3$

笔记

3. $\left(\sqrt{x}-\dfrac{2}{x}\right)^{8}$ 的展开式中的第 4 项为_____.

4. $(2x-y)^{10}$ 的展开式中倒数第 2 项的系数为_____.

5. 求 $(2x-y)^{5}$ 的展开式.

6. 求 $\left(x-\dfrac{1}{x}\right)^{9}$ 的展开式中含 x^{5} 的项.

8.5.2 二项式系数的性质 >>>

观察思考

我们把展开式中各项的二项式系数按如下方式排列.

$(a+b)^{1}$ ············ 　　　　　1　1

$(a+b)^{2}$ ············ 　　　　1　2　1

$(a+b)^{3}$ ············ 　　　1　3　3　1

$(a+b)^{4}$ ············ 　　1　4　6　4　1

$(a+b)^{5}$ ············ 　1　5　10　10　5　1

············

$(a+b)^{n}$ ········· C_n^0　C_n^1　C_n^2　···　C_n^{n-1}　C_n^n

上面右边的二项式系数称为"杨辉三角".

分析理解

杨辉三角直观地呈现了二项展开式中二项式系数的性质. 从横向看,每一行的二项式系数的排列规律由 1 逐渐增大再逐渐减小为 1,居中的二项式系数最大,而且数值呈中心对称排列;从纵向看,除了最外侧的数值为 1外,其余任意一个数值均为其上一行离其最近的两数之和.

抽象概括

一般地,$(a+b)^{n}$ 的展开式中的二项式系数具有如下性质.

性质 1 对称性:与首末两端"等距离"的两个二项式系数相等,即

$$C_n^m=C_n^{n-m}.$$

性质 2 增减性与最大值:二项式系数先由 1 逐渐增至最大,再逐渐减小为 1,居中的二项式系数最大. 因此,当 n 为偶数时,中间一项的二项式系数最大,为 $C_n^{\frac{n}{2}}$;当 n 为奇数时,中间两项的二项式系数最大,为 $C_n^{\frac{n-1}{2}}$ 与 $C_n^{\frac{n+1}{2}}$.

性质 3　所有的二项式系数之和为 2^n，即
$$C_n^0+C_n^1+C_n^2+\cdots+C_n^n=2^n.$$

证明　在 $(a+b)^n=C_n^0a^n+C_n^1a^{n-1}b+C_n^2a^{n-2}b^2+\cdots+C_n^ma^{n-m}b^m+\cdots+C_n^nb^n$ 中，取 $a=1$，$b=1$，即可得.

性质 4　所有奇数项的二项式系数之和等于所有偶数项的二项式系数之和，即
$$C_n^0+C_n^2+C_n^4+\cdots=C_n^1+C_n^3+C_n^5+\cdots.$$

证明　在 $(a+b)^n=C_n^0a^n+C_n^1a^{n-1}b+C_n^2a^{n-2}b^2+\cdots+C_n^ma^{n-m}b^m+\cdots+C_n^nb^n$ 中，取 $a=1$，$b=-1$，可得 $C_n^0-C_n^1+C_n^2-C_n^3+C_n^4+\cdots+(-1)^nC_n^n=0$，移项即可得.

例 1　求 $\left(2\sqrt{x}+\dfrac{1}{x}\right)^8$ 的展开式中，二项式系数最大的项.

分析　此题中 $n=8$，展开式共有 9 项，第 5 项的二项式系数 C_8^4 最大.

解　二项式系数最大的项为
$$T_5=C_8^4(2\sqrt{x})^4\left(\dfrac{1}{x}\right)^4=70\times16x^2\times\dfrac{1}{x^4}=1\,120x^{-2}.$$

例 2　若 $(1-2x)^7=a_0+a_1x+a_2x^2+a_3x^3+a_4x^4+a_5x^5+a_6x^6+a_7x^7$，求 $a_1+a_2+a_3+a_4+a_5+a_6+a_7$.

分析　此处 a_0，a_1，$\cdots$，a_7 为展开式中各项的系数，当 $x=1$ 时各项值即相应项的系数.

解　取 $x=1$，$a_0+a_1+a_2+a_3+a_4+a_5+a_6+a_7=(1-2)^7=-1$.
取 $x=0$，$a_0=1$.
所以 $a_1+a_2+a_3+a_4+a_5+a_6+a_7=-1-1=-2$.

例 3　已知 $\left(\sqrt{x}-\dfrac{2}{x^2}\right)^n$ 的展开式中，所有二项式系数之和为 128，求含 x 的项.

分析　展开式中所有二项式系数之和为 2^n，由 $2^n=128$，可得 $n=7$. 再求展开式的通项公式并化简；然后根据 x 的指数为 1，可以得出 m 的值；把 m 的值代回通项公式，即可求得常数项.

解　由题意可得 $2^n=128$，所以 $n=7$.
$$T_{m+1}=C_7^m(\sqrt{x})^{7-m}\left(-\dfrac{2}{x^2}\right)^m$$
$$=(-2)^mC_7^mx^{\frac{7-5m}{2}}.$$

笔记

由 $\dfrac{7-5m}{2}=1$，得 $m=1$，

所以，含 x 的项为 $T_2=-2\times C_7^1 x=-14x$.

随堂练习

1. 在 $\left(3x-\dfrac{2}{x}\right)^{10}$ 的展开式中，二项式系数最大的项是（　　）．

A. 第5项　　　　B. 第6项　　　　C. 第10项　　　　D. 第11项

2. 在 $(5x+y)^n$ 的展开式中，第3项的二项式系数与第8项的二项式系数相等，则 n 的值为（　　）．

A. 8　　　　　　B. 9　　　　　　C. 10　　　　　　D. 11

3. $C_8^1+C_8^2+C_8^3+\cdots+C_8^8=$_____．

4. $\left(2-\dfrac{1}{x}\right)^n$ 的展开式有 8 项，则 $n=$_____，展开式中的第 3 项为_____．

5. 已知 $\left(\sqrt{x}+\dfrac{2}{x}\right)^n$ 的展开式中，所有奇数项的二项式系数之和为 256，求展开式中的常数项．

习题 8.5 >>>>>>>>>>>

水平一

1. 在 $(3a-2b)^n$ 的展开式中，只有第 5 项的二项式系数最大，n 的值为（　　）．

A. 8　　　　　　B. 9　　　　　　C. 10　　　　　D. 11

2. 在 $\left(x-\dfrac{1}{x}\right)^9$ 的展开式中，系数最小的项是（　　）．

A. 第1项　　　B. 第5项　　　C. 第6项　　　D. 第10项

3. $C_9^2+C_9^4+C_9^6+C_9^8=$_____．

4. 在 $(1+2x)^6$ 的展开式中，含 x^3 的项的二项式系数是_____．

5. 求 $(1-2x)^7$ 的展开式中，第 4 项的二项式系数与系数．

水平二

1. 若 $(ax-1)^7$ 的展开式中 x^3 的系数是 -280，求 a 的值．

2. 在 $(x-2y)^n$ 的展开式中，第 1 项、第 2 项的二项式系数之和为 8，求展开式的倒数第 2 项．

3. 在 $\left(\sqrt{x}-\dfrac{2}{\sqrt{x}}\right)^n$ 的展开式中，第 3 项的二项式系数为 15，求展开式中含 x^2 的项.

8.6 简单应用举例 >>>>>>>>>>>>

观察思考

（1）把编号为 A，B，C，D 的 4 个小球分成两组，每组两个，共有多少种不同的分组方法？它与从 4 个不同的元素中任取两个元素的组合数存在怎样的关系？

（2）把甲、乙、丙 3 名学生分成 3 组，每组 1 个人，共有多少种不同的分组方法？它与从 3 个不同的元素中分 3 次，每次选取 1 个元素的组合数存在怎样的关系？

分析理解

（1）4 个小球选取了 2 个，剩下的 2 个自然就成为一组，因此不同的分组方法为

$$AB \text{——} CD\,;$$
$$AC \text{——} BD\,;$$
$$AD \text{——} BC.$$

共有 3 种不同的分组方法.

从编号为 A，B，C，D 的 4 个小球中选取 2 个小球的所有组合为 AB，AC，AD，BC，BD，CD，其组合数为 $C_4^2=6$. 如果按此法平均分组，结果为：

$$AB \text{——} CD\,;$$
$$AC \text{——} BD\,;$$
$$AD \text{——} BC\,;$$
$$BC \text{——} AD\,;$$
$$BD \text{——} AC\,;$$
$$CD \text{——} AB.$$

其中两两重复，例如，若选取了 A，B，则一定是 C，D 一组；若选取了 C，D，则一定是 A，B 一组，也就是说选取的顺序影响了结果，使分组

结果出现了重复，重复数是 A_2^2.

故把编号为 A，B，C，D 的 4 个小球分成两组，每组两个，不同的分组方法共有 $\dfrac{C_4^2 \cdot C_2^2}{A_2^2} = 3$ 种.

(2)把甲、乙、丙 3 名学生分成 3 组，每组 1 个人，分组方法为

$$甲——乙——丙.$$

只有 1 种不同的分组方法.

从甲、乙、丙 3 名学生中分 3 次选取，每次选取 1 名学生的结果如表 8-2 所示.

表 8-2

第一次选取	第二次选取	第三次选取
甲	乙	丙
甲	丙	乙
乙	甲	丙
乙	丙	甲
丙	甲	乙
丙	乙	甲

也就是说，从 3 个不同的元素中分 3 次选取，每次选取 1 个元素的组合数是与顺序有关的，选取的顺序影响了结果，使分组结果出现了重复，重复数是 A_3^3.

故把甲、乙、丙 3 名学生分成 3 组，每组 1 个人，不同的分组方法共有 $\dfrac{C_3^1 \cdot C_2^1 \cdot C_1^1}{A_3^3} = 1$ 种.

抽象概括 ⚙

一般地，将 n 个不同的元素平均分成 m 堆(每堆 k 个)，求有多少种分组方法，可以先分 m 次计算组合数，再除以 m 个元素的全排列，其计算公式为

$$\dfrac{C_n^k \cdot C_{n-k}^k \cdot \cdots \cdot C_k^k}{A_m^m}(n = mk，m，n，k \in \mathbf{N}_+).$$

例 1 现有 6 本不同的书平均分成 3 堆，共有多少种不同的分法？

分析 6 本不同的书平均分成 3 堆，则每堆 2 本. 先计算从 6 个不同的

元素中分 3 次、每次选取 2 个元素的组合数, 再除以 3 个元素的全排列.

解 6 本不同的书平均分成 3 堆, 不同的分法共有

$$\frac{C_6^2 \cdot C_4^2 \cdot C_2^2}{A_3^3} = \frac{15 \times 6 \times 1}{6} = 15(种).$$

例 2 将 7 名学生分成 3 组, 每组分别为 3 人、2 人、2 人, 共有多少种不同的分组方法?

分析 7 名学生分成 3 组, 每组分别为 3 人、2 人、2 人, 先计算从 7 个不同的元素中分 3 次依次选取 3 个、2 个、2 个元素的组合数, 再除以 2 个元素的全排列. 因为此处平均分组的是 2 人、2 人组, 它们与 3 人组不可能出现重复, 所以只需要除以 2 个元素的全排列.

解 将 7 名学生分成 3 组, 每组分别为 3 人、2 人、2 人, 不同的分组方法共有

$$\frac{C_7^3 \cdot C_4^2 \cdot C_2^2}{A_2^2} = \frac{35 \times 6 \times 1}{2} = 105(种).$$

随堂练习

1. 将 4 本不同的书平均分成 2 堆, 共有_____种不同的分法.

2. 将 4 本不同的书分给 2 名同学, 每名同学 2 本, 共有_____种不同的分法.

3. 将 6 本不同的书分给 3 名同学, 每名同学 2 本, 共有_____种不同的分法.

习题 8.6 >>>>>>>>>>>>

水平一

1. 将 3 瓶不同的饮料分成 3 堆, 共有_____种不同的分法.

2. 将 3 瓶不同的饮料分给 3 名同学, 共有_____种不同的分法.

3. 将 9 件不同的产品平均分成 3 堆, 共有_____种不同的分法.

水平二

1. 将 4 位老师分成 3 组, 每组人数分别为 2, 1, 1, 共有多少种不同的分组方案?

2. 将 8 支球队分成 3 组，每组的球队数分别为 4，2，2，共有多少种不同的分法？

3. 4 位老师到 3 所学校支教，每所学校都要安排老师，共有多少种不同的安排方法？

笔 记

笔记

数学园地 >>>>>>>>>>>>

中国古代数学家杨辉

杨辉，南宋数学家，字谦光，钱塘(今浙江杭州)人.

杨辉曾担任过南宋地方行政官员，为政清廉，足迹遍及苏杭一带. 他在总结民间乘除捷法、"垛积术"、纵横图以及数学教育方面，均做出了重大的贡献. 他是世界上第一个排出丰富的纵横图和讨论其构成规律的数学家.

杨辉一生留下了大量的著述，简要介绍如下.

《详解九章算法》，取《九章算术》问题中的 80 问做了详细的解答，书中的"开方作法本源图"就是我们现在所说的"杨辉三角"(西方称为"帕斯卡三角"，帕斯卡于 1654 年发现这一规律). 杨辉指出，此系贾宪(约 11 世纪上半叶)所用. "杨辉三角"是中国数学史上的一个伟大成就，它把二项式系数图形化，把组合数内在的一些代数性质直观地用图形体现出来，是一种离散型的数与形的结合.

《日用算法》，是一本通俗的实用算术书，原书已失传，有残文存于《永乐大典》及《诸家算法》中.

《乘除通变本末》，是记录简易乘除法的专著. 它反映了宋代数学的一个重要侧面——实用数学和各种简易算法，这是应当时社会经济发展而兴起的一个新方向. 其中所列"九归"口诀，为算盘的产生创造了条件.

《田亩比类乘除捷法》，书中列出了各种形状的田地求积公式及例题，并结合当时实际需要的问题进行类比. 其中还记述了开方法，主要记述了二次方程和四次方程的解法.

《续古摘奇算法》，书中讨论了纵横图，即幻方，其中共列出幻方 20 个. 杨辉不仅给出了纵横图的编造方法，而且对一些图的一般构造规律进行了介绍，打破了幻方的神秘性. 这是世界上对幻方最早的系统研究和记录.

杨辉的几部著作极大地丰富了我国古代数学宝库，为数学的发展做出了卓越的贡献.

杨辉不仅是一位著述甚丰的数学家，而且还是一位杰出的教育家. 他一生致力于数学教育和数学普及，其著述有很多是为了数学教育和数学普及而写的. 《乘除通变本末》中载有杨辉专门为初学者制定的"习算纲目"，它集中体现了杨辉的数学教育思想和方法.

单元小结 >>>>>>>>>>>

学习导图

```
                                        分类计数原理
                        计数原理
                                        分步计数原理

                                        排列问题
                        排列
                                        排列数公式

                                        组合问题
            排列组合      组合            组合数公式

                                        组合数的两个性质

                        排列与组合的应用

                                        二项式定理
                        二项式定理
                                        二项式系数的性质

                        简单应用举例
```

学习指导

1. 分类计数原理与分步计数原理.

(1)分类计数原理中,类与类之间是相互独立存在的,利用每一类中的任意一种方法都可以直接完成某件事.

(2)分步计数原理中,步与步之间是相互依存、相互牵制的,其中的任何一个步骤都不可或缺. 只有所有的步骤依次完成,才能够完成整件事.

(3)比较综合的计数问题,常常既要用到分类计数原理,又要用到分步计数原理. 分析的方法是先分类再分步.

2. 排列与组合.

(1)排列的定义:一般地,从 n 个不同元素中任取 $m(m \leqslant n)$ 个元素,按照一定的顺序排成一列,叫作从 n 个不同元素中任取 m 个元素的一个排列. 只有当两个排列中的元素完全相同,顺序也完全相同时,才是相同的排列.

(2)组合的定义:一般地,从 n 个不同元素中任取 $m(m \leqslant n)$ 个元素,组成一组,叫作从 n 个不同元素中任取 m 个元素的一个组合. 如果两个组合中的元素完全相同,那么不管元素选取的顺序如何,它们都是相同的组合. 只有当两个组合中的元素不完全相同时,才是不同的组合.

(3)排列问题与组合问题的区别:排列问题与顺序有关,而组合问题则与顺序无关.

(4)排列问题与组合问题的联系：排列问题实际上是先从 n 个不同元素中任取 m 个元素(组合问题)，再把这 m 个元素全排列.

(5)排列数与组合数的关系：$A_n^m = C_n^m \cdot A_m^m$.

3. 二项式定理.

掌握二项式定理的关键是掌握二项展开式的通项公式.

(1)二项展开式的通项公式：$T_{m+1} = C_n^m a^{n-m} b^m$. 其中，$a$ 的指数与 b 的指数之和等于 n，b 的指数与组合数的上标相同，组合数的上标是项的值减 1.

(2)二项式系数与系数的区别：某项的二项式系数即该项的组合数，某项的系数是该项中除字母外的常数部分.

(3)二项式系数的性质：二项式系数是组合数，所以它符合组合数具有的性质. 此外，还有两个恒等式值得注意，计算时会经常涉及，即

$$C_n^0 + C_n^1 + C_n^2 + \cdots + C_n^n = 2^n \text{ 与 } C_n^0 + C_n^2 + C_n^4 + \cdots = C_n^1 + C_n^3 + C_n^5 + \cdots = 2^{n-1}.$$

单元检测 >>>>>>>>>>

笔 记

水平一

1. $15 \times 14 \times 13 \times 12 \times 11 \times 10$ 可以用以下哪个符号表示(　　).

A. A_{15}^6　　　　　B. C_{15}^6　　　　　C. A_{15}^{10}　　　　　D. C_{15}^{10}

2. 已知 $(a+b)^{2n}$ 的展开式共有 9 项,则 $n=$ (　　).

A. 10　　　　　B. 8　　　　　C. 5　　　　　D. 4

3. 某学校数学组有 18 名男教师、10 名女教师,现要选派 1 名男教师和 1 名女教师去支援教育贫困地区,共有_____种不同的选派方法.

4. 学校要进行三阶魔方比赛,某班准备购买 2 款不同的三阶魔方给参赛学生练习,经网上商城搜索有 5 款不同的三阶魔方都比较合适,该班共有_____种不同的选择方案.

5. 在 $(3x-2y)^8$ 的展开式中,第 4 项的二项式系数是_____.

6. 由数字 1,2,3,4,5 可以组成多少个没有重复数字的四位数?

7. 圆周上有 10 个点,可以组成多少个不同的三角形?

8. 6 个人排队,甲只能在排头或排尾,共有多少种不同的排队方案?

9. 求 $\left(x-\dfrac{2}{\sqrt{x}}\right)^6$ 的展开式的中间项.

水平二

1. 已知 $C_{11}^3+C_{11}^4=C_{12}^x$,则 $x=$ _____.

2. 5 个人排队,甲与乙不能相邻,共有_____种不同的排队方案.

3. 由数字 0,1,2,3,4,5 可以组成多少个没有重复数字的四位数偶数?

4. 某小组共 9 人,其中有正、副两位组长,现从中选择 3 人参加同一培训会,要求至少一位组长参加,共有多少种不同的选择方案?

5. 从 5 名同学中选择 4 人参加 4×100 米接力赛,其中甲不跑第一棒,共有多少种不同的安排方法?

6. 已知 $\left(\sqrt{x}+\dfrac{2}{x}\right)^n$ 的展开式中,所有项的二项式系数之和为 512,求展开式中的常数项.

在客观世界中，很多现象都是随机出现的，在随机现象的背后是否存在某些规律？如果有，我们能否发现其中的规律，并利用这些规律来改善我们的生活．

2020 年，我国 18 岁至 44 岁男性平均身高约为 169.7 cm，女性平均身高约为 158.0 cm．人民健康是民族昌盛和国家强盛的重要标志。为确定人口身高状况是否正常，现从全国 18 岁至 44 岁人口中，随机抽取某个地区的人口的身高进行分析，来确定这个地区的人口的身高状况是否正常，那么正常的标准是如何规定的呢？

本单元将要学习随机变量及其分布．通过学习离散型随机变量及其分布列，帮助我们进行分析决策；通过学习二项分布，了解离散型随机变量中的一种经典概率分布；通过学习正态分布，了解正态分布在实际生活中的应用，并能够用正态分布解决一些相关的问题．

第九单元

随机变量及其分布

1. 离散型随机变量及其分布.

了解随机变量、离散型随机变量及其分布的含义；了解离散型随机变量的数字特征.

2. 二项分布.

了解独立重复试验；了解二项分布的概念及服从二项分布的随机变量的概率分布.

3. 正态分布.

了解正态分布的概念与正态曲线；了解利用标准正态分布表计算服从正态分布的随机变量的概率；初步了解用正态分布和正态曲线解决实际问题的方法.

9.1　离散型随机变量及其分布 >>>>>>>>>>>>>>

9.1.1　离散型随机变量 >>>

观察思考 🔍

情境 1：我们在做掷骰子的随机试验中，令 X 表示掷出骰子的点数（这里指的是骰子朝上的面的点数，下同），则 X 的所有可能取值是 1，2，3，4，5，6，即 $X \in \{1, 2, 3, 4, 5, 6\}$，也就是"$X=1$"表示"掷出 1 点"，"$X=2$"表示"掷出 2 点"，"$X=3$"表示"掷出 3 点"……

情境 2：某射箭运动员射击一次的过程中，令 X 表示射箭命中的环数，则 X 的所有可能取值是 0，1，2，3，…，10，即 $X \in \{0, 1, 2, \cdots, 10\}$，也就是"$X=1$"表示"射中 1 环"，"$X=2$"表示"射中 2 环"……

那么，这两个情境中 X 的取值与随机试验结果之间是什么关系呢？

分析理解 🎯

情境 1 中，掷骰子的试验确定了一个对应关系，每次可能掷出的点数都可以用数字 X 来表示．在这个对应关系下，数字 X 随着试验结果的变化而变化，X 的所有可能取值为 1，2，3，4，5，6．

情境 2 中，射箭运动员射箭的过程确定了一个对应关系，每次可能命中的环数都可以用数字 X 来表示．在这个对应关系下，数字 X 随着试验结果的变化而变化，X 的所有可能取值为 0，1，2，3，…，10．

抽象概括 ⚙️

在上述情境的随机试验中确定了一个对应关系，使得每一个试验可能出现的结果都可以用数字来表示．在这个对应关系下，数字随着试验结果的变化而变化．像这样随着随机试验结果的变化而取值的变量，叫作**随机变量**．

例如，情境 1 中掷出的点数，情境 2 中命中的环数，都是随机变量．

再如，在 100 件产品中，有 3 件是次品，任意抽取 3 件，可能出现次品的数量 X 的值会随着抽取结果的变化而变化，是一个随机变量，其中 $X \in \{0, 1, 2, 3\}$．

利用随机变量可以表示随机事件，如上面的情境中，

"$X=0$"表示"抽出 0 件次品"；

"$X=1$"表示"抽出 1 件次品"；

"$X=2$"表示"抽出 2 件次品"；

"$X=3$"表示"抽出 3 件次品".

像这样，取值可以一一列举出来的随机变量，叫作**离散型随机变量**. 一般用大写字母 X，Y，Z，…或希腊字母 ξ，η，λ，…表示.

上面掷骰子出现的点数、射箭命中的环数都是离散型随机变量，抽到次品的数量也是一个离散型随机变量.

有些随机变量的取值是不能像有理数一样一一列举的，如抽水机抽出来的水的质量 X 可能的取值是一个非负数，所以，这个 X 不是离散型随机变量.

合作交流

请举出两个随机变量的例子，并指出哪些是离散型随机变量？哪些不是离散型随机变量？若是，请说明随机变量所取的值表示的随机试验的结果；若不是，请说明理由. 同学相互交流.

例 1　一袋中装有编号为 1，2，3，4，5 的 5 个同样大小的球，现从该袋内随机取出 3 个球，设被取出的球的最大号码为 ξ. 写出随机变量 ξ 的可能取值，并说明随机变量所取的值表示的随机试验的结果.

解　(1)依题意，ξ 可取 3，4，5，表示的随机试验结果是：

$\xi=3$，表示取出的 3 个球的编号为：1，2，3.

$\xi=4$，表示取出的 3 个球的编号为：1，2，4；1，3，4；2，3，4.

$\xi=5$，表示取出的 3 个球的编号为：

1，2，5；1，3，5；1，4，5；2，3，5；2，4，5；3，4，5.

例 2　连续两次投篮，用 X 表示投中的次数，则 X 是一个随机变量，它的可能取值是 0，1，2，分别说明下列集合所代表的随机事件.

(1)$\{X=0\}$；

(2)$\{X=1\}$；

(3)$\{X=2\}$；

(4)$\{0 \leqslant X < 2\}$；

(5)$\{X \geqslant 1\}$.

解　(1)$\{X=0\}$表示随机变量取值对应于 0 的那些结果组成的事件，即

两次都没有投中的事件. 所以$\{X=0\}=\{$两次都没有投中$\}$.

(2)$\{X=1\}$表示随机变量对应于1的那些结果组成的事件, 即只有一次投中的事件.

$\{X=1\}=\{$第一次投中, 第二次没有投中$\}\bigcup\{$第一次没有投中, 第二次投中$\}$

$=\{$只有一次投中$\}$.

(3)$\{X=2\}$表示随机变量对应于2的那些结果组成的事件, 即两次都投中的事件, 所以$\{X=2\}=\{$两次都投中$\}$.

(4)$\{0\leqslant X<2\}$表示随机变量对应于小于2的那些结果组成的事件, 即两次都没有投中和只有一次投中的事件. 所以$\{0\leqslant X<2\}=\{$两次都没有投中$\}\bigcup\{$只有一次投中$\}$, 也可以表示为: $\{0\leqslant X<2\}=\{X=0\}\bigcup\{X=1\}$.

(5)$\{X\geqslant 1\}$表示随机变量对应于不少于1的那些结果组成的事件, 即至少一次投中的事件. 所以$\{X\geqslant 1\}=\{$至少一次投中$\}$, 也可以表示为: $\{X\geqslant 1\}=\{X=1\}\bigcup\{X=2\}$.

随堂练习

1. 举出两个离散型随机变量的例子.

2. 判断下列随机变量是否是离散型随机变量? 若是, 请说明随机变量所取的值表示的随机试验的结果; 若不是, 请说明理由.

(1)掷硬币可能出现的结果为X;

(2)某机场候机室中一天的乘客数量为X;

(3)出租车在30分钟内行驶的路程为X;

(4)某学生参加某次考试的数学成绩为X;

(5)某公路收费站一天经过的车辆数为X;

(6)某长江水文站观测点观察到一天中的水位为X.

3. 已知在100件产品中有4件不合格品, 现从这100件产品中任取5件, 这是一个随机现象.

(1)写出该随机现象所有可能出现的结果;

(2)试用随机变量来描述上述结果.

4. 连续两次投掷硬币, 用X表示正面向上的次数, 则X是一个随机变量, 分别说明下列集合所代表的随机事件.

(1)$\{X=0\}$; (2)$\{X=1\}$; (3)$\{X>0\}$.

9.1.2　离散型随机变量分布列及其数字特征 >>>

问题提出 ❓

我们在做掷骰子的大量随机试验中，令 X 表示骰子掷出来的点数，即 $X \in \{1, 2, 3, 4, 5, 6\}$. 这说明，$X$ 的所有可能取值是 1，2，3，4，5，6，对应着骰子掷出来的点数. X 取这些值时的概率值是多少？

分析理解 🎯

概念
期望
方差
标准差
伯努利试验
伯努利分布

我们知道，"$X=1$"表示"掷出 1 点"，"$X=2$"表示"掷出 2 点"，"$X=3$"表示"掷出 3 点"……而且我们知道，在骰子质地均匀的情况下，每个结果出现的概率都是 $\dfrac{1}{6}$，如表 9-1 所示.

表 9-1

X	1	2	3	4	5	6
P	$\dfrac{1}{6}$	$\dfrac{1}{6}$	$\dfrac{1}{6}$	$\dfrac{1}{6}$	$\dfrac{1}{6}$	$\dfrac{1}{6}$

笔记

我们可以求出由 X 表示的事件发生的概率.

比如，在这个随机试验中，事件 $\{X \leqslant 2\} = \{X=1\} \cup \{X=2\}$，由互斥事件的可加性，知

$$P(X \leqslant 2) = P(X=1) + P(X=2) = \frac{1}{6} + \frac{1}{6} = \frac{1}{3}.$$

同理，事件 $\{2 \leqslant X < 6\}$ 发生的概率为

$$P(2 \leqslant X < 6) = P(X=2) + P(X=3) + P(X=4) + P(X=5) = \frac{2}{3}.$$

从上面的问题可以看出，如果知道了随机变量取值的概率情况，X 在各个范围取值的概率就可以通过计算得到，从而也就掌握了这个随机变量的规律.

一般地，如果离散型随机变量 X 可能取的不同值为

$$x_1, x_2, \cdots, x_i, \cdots, x_n.$$

X 取每一个值 $x_i (i=1, 2, \cdots, n)$ 的概率 $P(X=x_i) = p_i$，如表 9-2 所示.

表 9-2

X	x_1	x_2	$\cdots$	x_i	$\cdots$	x_n
P	p_1	p_2	$\cdots$	p_i	$\cdots$	p_n

表 9-2 称为离散型随机变量 X 的概率分布列，简称为 X 的分布列. 有时 X 的分布列可以简单地表示为

$$P(X=x_i)=p_i(i=1,\ 2,\ \cdots,\ n).$$

把

$$\sum_{i=1}^{n} x_i p_i = x_1 p_1 + x_2 p_2 + \cdots + x_i p_i + \cdots + x_n p_n$$

叫作**离散型随机变量 X 的数学期望(简称期望，或者均值)**，记作 $E(X)$，即

$$E(X)=\sum_{i=1}^{n} x_i p_i = x_1 p_1 + x_2 p_2 + \cdots + x_i p_i + \cdots + x_n p_n.$$

把

$$\sum_{i=1}^{n}[x_i-E(X)]^2 p_i = [x_1-E(X)]^2 p_1 + [x_2-E(X)]^2 p_2 + \cdots +$$
$$[x_i-E(X)]^2 p_i + \cdots + [x_n-E(X)]^2 p_n$$

叫作**离散型随机变量 X 的方差**，记作 $D(X)$，即

$$D(X)=\sum_{i=1}^{n}[x_i-E(X)]^2 p_i$$
$$=[x_1-E(X)]^2 p_1 + [x_2-E(X)]^2 p_2 + \cdots +$$
$$[x_i-E(X)]^2 p_i + \cdots + [x_n-E(X)]^2 p_n.$$

把离散型随机变量 X 的方差的算术平方根 $\sqrt{D(X)}$ 叫作**随机变量 X 的标准差**.

不难知道，在掷质地均匀的硬币的随机试验中，设

$$X=\begin{cases}0, & \text{正面向上,} \\ 1, & \text{正面向下.}\end{cases}$$

如果"正面向上"的概率为 $\dfrac{1}{2}$，那么随机变量 X 的分布列如表 9-3 所示.

表 9-3

X	0	1
P	$\dfrac{1}{2}$	$\dfrac{1}{2}$

我们称它服从**两点分布**.

两点分布又称 0—1 分布，在数学上由于只有两个可能结果的随机试验叫

作**伯努利试验**，所以两点分布也叫作**伯努利分布**. 它的应用非常广泛，彩票是否中奖，射门是否命中，等等，都可以用两点分布来研究.

两点分布的一般形式如表 9-4 所示.

表 9-4

X	0	1
P	$1-p$	p

离散型随机变量 X 的概率分布列还可以用图像表示. 例如，前面掷骰子的试验，掷出的点数 X 的概率分布列就可以用平面直角坐标系来描绘，其中横坐标是随机变量 X 的取值，纵坐标是概率，请试着在平面直角坐标系中画出掷骰子掷出的点数 X 的概率分布列.

由此，我们知道离散型随机变量 X 的概率分布列也像函数一样可以用解析式、表格或者图像来表示.

例 1 在 9.1.1 节的例 1 中，求随机变量 ξ 的分布列.

分析 要求其概率，则要利用等可能事件的概率公式和排列组合知识来求解，从而获得分布列.

解 依题意可知，从袋内随机取出 3 个球的结果有 $C_5^3=10$ 种，ξ 可取 3，4，5.

当 $\xi=3$ 时，从袋内随机地取出 3 个球的结果有 $C_3^3=1$ 种，出现的概率为 $\dfrac{C_3^3}{C_5^3}=\dfrac{1}{10}$.

当 $\xi=4$ 时，从袋内随机地取出 3 个球的结果有 $C_3^2=3$ 种，出现的概率为 $\dfrac{C_3^2}{C_5^3}=\dfrac{3}{10}$.

当 $\xi=5$ 时，从袋内随机地取出 3 个球的结果有 $C_4^2=6$ 种，出现的概率为 $\dfrac{C_4^2}{C_5^3}=\dfrac{3}{5}$.

所以，随机变量 ξ 的分布列如表 9-5 所示.

表 9-5

ξ	3	4	5
P	$\dfrac{1}{10}$	$\dfrac{3}{10}$	$\dfrac{3}{5}$

根据概率的性质，离散型随机变量 X 的概率分布列具有下列性质.

(1) $p_i \geqslant 0$, $i = 1$, 2, $\cdots$, n;

(2) $\displaystyle\sum_{i=1}^{n} p_i = p_1 + p_2 + \cdots + p_n = 1$.

利用这个性质与概率的性质，可以计算离散型随机变量表示的事件发生的概率.

计算离散型随机变量的概率分布列的主要步骤为：

第 1 步，列出离散型随机变量的所有取值；

第 2 步，计算出各个离散型随机变量取值对应的事件发生的概率；

第 3 步，列表写出分布列.

> 💡 **特别提示**
>
> 计算离散型随机变量的概率分布列，一定要验证离散型随机变量的概率分布列的两个性质. 例 1 中的离散型随机变量的概率分布列就满足这两个性质，即
>
> (1) $\dfrac{1}{10} > 0$，$\dfrac{3}{10} > 0$，$\dfrac{3}{5} > 0$；(2) $\dfrac{1}{10} + \dfrac{3}{10} + \dfrac{3}{5} = 1$.

例 2 某班级的 7 名班干部中，有 4 名男生和 3 名女生，现在任选 3 名去开会. 求所选 3 名班干部中男生人数的概率分布列.

解 第 1 步，随机变量 ξ 的所有可能取值为 0，1，2，3.

第 2 步，$P(\xi = 0) = \dfrac{C_4^0 \cdot C_3^3}{C_7^3} = \dfrac{1}{35}$；$P(\xi = 1) = \dfrac{C_4^1 \cdot C_3^2}{C_7^3} = \dfrac{12}{35}$；

$\qquad P(\xi = 2) = \dfrac{C_4^2 \cdot C_3^1}{C_7^3} = \dfrac{18}{35}$；$P(\xi = 3) = \dfrac{C_4^3 \cdot C_3^0}{C_7^3} = \dfrac{4}{35}$.

第 3 步，ξ 的概率分布列如表 9-6 所示.

表 9-6

ξ	0	1	2	3
P	$\dfrac{1}{35}$	$\dfrac{12}{35}$	$\dfrac{18}{35}$	$\dfrac{4}{35}$

检验：(1) $\dfrac{1}{35} > 0$，$\dfrac{12}{35} > 0$，$\dfrac{18}{35} > 0$，$\dfrac{4}{35} > 0$；(2) $\dfrac{1}{35} + \dfrac{12}{35} + \dfrac{18}{35} + \dfrac{4}{35} = 1$.

> 💡 **特别提示**
>
> 计算熟练以后，检验步骤可以省略.

📝 笔记

例3 某工厂生产一批产品，其中一等品占 $\dfrac{5}{9}$，每件产品可获利 6 元；

二等品占 $\dfrac{1}{3}$，每件产品可获利 3 元；次品占 $\dfrac{1}{9}$，每件产品亏损 3 元. 从这批

产品中任取一件产品，设 ξ 为该产品的获利金额（单位：元）. 求：

(1)随机变量 ξ 的概率分布列；

(2)随机变量 ξ 的期望；

(3)随机变量 ξ 的方差；

(4)随机变量 ξ 的标准差.

解　(1)随机变量 ξ 的所有取值为 -3，3，6，取这些值对应的概率依次

为 $\dfrac{1}{9}$，$\dfrac{1}{3}$，$\dfrac{5}{9}$，所以，随机变量 ξ 的概率分布列如表 9-7 所示.

表 9-7

ξ	-3	3	6
P	$\dfrac{1}{9}$	$\dfrac{1}{3}$	$\dfrac{5}{9}$

$(2) E(\xi)=(-3)\times\dfrac{1}{9}+3\times\dfrac{1}{3}+6\times\dfrac{5}{9}=4.$

所以，随机变量 ξ 的期望为 4，即该产品的获利金额的期望为 4 元.

(3)随机变量 ξ 的方差为

$$D(\xi)=(-3-4)^2\times\dfrac{1}{9}+(3-4)^2\times\dfrac{1}{3}+(6-4)^2\times\dfrac{5}{9}=8.$$

(4)随机变量 ξ 的标准差为

$$\sqrt{D(\xi)}=2\sqrt{2}.$$

随堂练习

1. 掷甲、乙两枚骰子，所得点数之和为 ξ，那么 $\xi=4$ 表示的随机试验的结果的所有可能情况是_____.

2. 判断下列表格能否成为随机变量 ξ 的分布列，若能，则求出其中随机变量 ξ 的期望和方差.

(1)

ξ	-1	1	3
P	0.2	0.4	0.4

（2）

ξ	−2	0	5
P	0.3	0.4	0.3

（3）

ξ	4	2	3
P	−0.4	0.8	0.6

3. 已知随机变量 ξ 的分布列为

ξ	1	2	…	k	…	n	…
P	$\frac{1}{2}$	$\frac{1}{2^2}$	…	$\frac{1}{2^k}$	…	$\frac{1}{2^n}$	…

则 $P(2<\xi\leqslant5)=($　　　).

A. $\frac{3}{16}$　　　B. $\frac{1}{4}$　　　C. $\frac{7}{32}$　　　D. $\frac{1}{5}$

4. 一袋中装有 5 个球，编号为 1，2，3，4，5，现从中同时取出 3 个球，以 ξ 表示取出的 3 个球中的最小号码，写出随机变量 ξ 的分布列.

习题 9.1 >>>>>>>>>>>>

水平一

1. 下列随机试验的结果能否用离散型随机变量表示？写出该随机现象所有可能出现的结果，试用随机变量来描述上述结果.

（1）在 10 件产品中有 2 件不合格产品，从这 10 件产品中任取 3 件，其中不合格产品的件数；

（2）某篮球运动员罚球 3 次，投中的球数.

2. 已知在 10 件产品中有 2 件不合格产品，现从这 10 件产品中任取 3 件，设取出的不合格产品的件数为 ξ，请写出随机变量 ξ 的分布列、期望、方差和标准差.

3. 一袋中装有 6 个同样大小的球，编号为 1，2，3，4，5，6，现从中随机取出 3 个球，以 X 表示取出的 3 个球中的最大号码.

（1）求 X 的分布列；

（2）求 $P(3<X\leqslant5)$.

水平二

1. 设某试验的成功率是失败率的 2 倍，用随机变量 ξ 描述 1 次试验的成功次数，则 $P(\xi=0)=($ $)$.

A. 0   B. $\dfrac{1}{2}$ C. $\dfrac{1}{3}$ D. $\dfrac{2}{3}$

2. 若离散型随机变量 X 的分布列为

X	0	1
P	$9a^2-a$	$3-8a$

求 a.

3. 在 10 个零件中含有 5 个次品，任意取出 3 个，求：

(1)取出的零件中次品个数 ξ 的分布列、期望、方差和标准差；

(2)求 $P(\xi\leqslant 2)$.

9.2 二项分布 »»»»»»»»»

观察思考

某射击运动员进行了 4 次射击，每次击中目标的概率都是 $\dfrac{1}{4}$，每次击中目标与否是相互独立的，用 ξ 表示击中目标的次数，请思考 ξ 是否是一个离散型随机变量？如果是，你能否写出 ξ 的概率分布.

分析理解

在上述情境中，ξ 的所有可能取值为 0，1，2，3，4，它是一个离散型随机变量.

若 $\xi=0$，表示进行了 4 次射击，一次都没有击中目标，没击中目标的概率是 $\left(1-\dfrac{1}{4}\right)$，根据乘法原理，4 次都没有击中目标的概率是 $\left(1-\dfrac{1}{4}\right)^4$，即

$$P(\xi=0)=C_4^0\left(1-\dfrac{1}{4}\right)^4\left(\dfrac{1}{4}\right)^0.$$

若 $\xi=1$，表示进行了 4 次射击，有一次击中目标，则

$$P(\xi=1)=C_4^1\left(1-\frac{1}{4}\right)^3\left(\frac{1}{4}\right)^1.$$

若 $\xi=2$，表示进行了 4 次射击，有两次击中目标，则

$$P(\xi=2)=C_4^2\left(1-\frac{1}{4}\right)^2\left(\frac{1}{4}\right)^2.$$

若 $\xi=3$，表示进行了 4 次射击，有三次击中目标，则

$$P(\xi=3)=C_4^3\left(1-\frac{1}{4}\right)^1\left(\frac{1}{4}\right)^3.$$

若 $\xi=4$，表示进行了 4 次射击，都击中目标，则

$$P(\xi=4)=C_4^4\left(1-\frac{1}{4}\right)^0\left(\frac{1}{4}\right)^4.$$

抽象概括

一般地，在相同条件下，重复进行 n 次试验，如果每次试验的结果都是独立的，那么这 n 次重复试验叫作 n **次独立重复试验**.

射击运动员进行了 4 次射击的随机试验，就是进行了 4 次独立重复试验. 每次试验的结果只有两个：击中目标或者没有击中目标(符合两点分布). 而且结果是相互独立的，即各个事件发生的概率是相互没有影响的.

一般地，在 n 次独立重复试验中，如果每次试验的结果只有两个，它们相互独立，就是只考虑两个事件 A 和 $\bar{A}$，而且在每次试验中，事件 A 发生的概率都不变，这样的 n 次独立重复试验叫作 n **次伯努利试验**.

如果每次试验中事件 A 发生的概率为 $P(A)=p$，事件 A 不发生的概率为 $P(\bar{A})=1-p$，那么，在 n 次伯努利试验中，事件 A 恰好发生 k 次的概率为

$$P_n(k)=C_n^k(1-p)^{n-k}p^k,\ k=0,\ 1,\ 2,\ \cdots,\ n.$$

这个公式叫作**伯努利公式**.

伯努利公式在形式上就是二项式 $[(1-p)+p]^n$ 展开式的第 $(k+1)$ 项.

一般地，如果在一次试验中某事件 A 发生的概率是 p，随机变量 ξ 为 n 次独立事件中 A 发生的次数，那么，随机变量 ξ 的分布列如表 9-8 所示.

表 9-8

ξ	0	1	$\cdots$	k	$\cdots$	n
P	$C_n^0(1-p)^{n-0}p^0$	$C_n^1(1-p)^{n-1}p^1$	$\cdots$	$C_n^k(1-p)^{n-k}p^k$	$\cdots$	$C_n^n(1-p)^0p^n$

其中 $0<p<1$，$k=0,\ 1,\ 2,\ \cdots,\ n.$

笔记

概念
独立重复试验
伯努利公式
二项分布

笔记

我们把这种形式的离散型随机变量 ξ 的概率分布列叫作**二项分布**，称离散型随机变量 ξ 服从参数为 n 和 p 的**二项分布**，记作 $\boldsymbol{\xi \sim B(n, p)}$.

在"观察思考"的情境问题中，我们来求 ξ 的分布列.

解 击中目标的次数 ξ 的所有可能取值为 0，1，2，3，4，根据伯努利公式得

$$P_4(\xi=0)=C_4^0\left(1-\frac{1}{4}\right)^4\left(\frac{1}{4}\right)^0,$$

$$P_4(\xi=1)=C_4^1\left(1-\frac{1}{4}\right)^3\left(\frac{1}{4}\right)^1,$$

$$P_4(\xi=2)=C_4^2\left(1-\frac{1}{4}\right)^2\left(\frac{1}{4}\right)^2,$$

$$P_4(\xi=3)=C_4^3\left(1-\frac{1}{4}\right)^1\left(\frac{1}{4}\right)^3,$$

$$P_4(\xi=4)=C_4^4\left(1-\frac{1}{4}\right)^0\left(\frac{1}{4}\right)^4.$$

所以，ξ 的分布列为

$$P(\xi=r)=C_4^r\left(1-\frac{1}{4}\right)^{4-r}\left(\frac{1}{4}\right)^r, \quad r=0，1，2，3，4.$$

例1 某公司 6 名设计师借助互联网开展工作，每名设计师上网的概率都是 0.5.

(1)求至少 3 人同时上网的概率；

(2)至少几人同时上网的概率小于 0.3？

解 每名设计师上网是相互独立的事件，设这个事件为 A，这是伯努利试验. 随机变量 ξ 为事件 A 发生的次数，即上网人数.

(1)至少 3 人同时上网，这时 ξ 的所有可能取值为 3，4，5，6，所以，

$$P(A)=P(\xi\geqslant3)=P(\xi=3)+P(\xi=4)+P(\xi=5)+P(\xi=6)$$

$$=C_6^3\left(\frac{1}{2}\right)^3\left(\frac{1}{2}\right)^3+C_6^4\left(\frac{1}{2}\right)^2\left(\frac{1}{2}\right)^4+C_6^5\left(\frac{1}{2}\right)^1\left(\frac{1}{2}\right)^5+C_6^6\left(\frac{1}{2}\right)^0\left(\frac{1}{2}\right)^6$$

$$=\frac{21}{32}.$$

(2)由(1)知，至少 3 人同时上网的概率为 $\frac{21}{32}$，大于 0.3.

至少 4 人同时上网的概率为

$$P(\xi\geqslant4)=C_6^4\left(\frac{1}{2}\right)^2\left(\frac{1}{2}\right)^4+C_6^5\left(\frac{1}{2}\right)^1\left(\frac{1}{2}\right)^5+C_6^6\left(\frac{1}{2}\right)^0\left(\frac{1}{2}\right)^6$$

$$=\frac{11}{32}>0.3.$$

至少5人同时上网的概率为

$$P(\xi\geqslant5)=C_6^5\left(\frac{1}{2}\right)^1\left(\frac{1}{2}\right)^5+C_6^6\left(\frac{1}{2}\right)^0\left(\frac{1}{2}\right)^6=\frac{7}{64}<0.3.$$

所以，至少5人同时上网的概率小于0.3.

例2 某篮球运动员投篮命中率为 $p=0.6$.

(1)1次投篮命中次数 ξ 是否服从两点分布？如果是，求它的期望与方差.

(2)重复3次投篮命中次数 ξ 是否服从二项分布？如果是，求它的期望、方差及标准差.

解 (1)1次投篮有两个结果，命中与不中，因此命中次数 ξ 服从两点分布.

1次投篮，命中次数 ξ 的分布列如表9-9所示.

表 9-9

ξ	0	1
P	0.4	0.6

期望为 $E(\xi)=0\times0.4+1\times0.6=0.6$.

方差为 $D(\xi)=(0-0.6)^2\times0.4+(1-0.6)^2\times0.6=0.24$.

(2)重复3次投篮可认为是3次独立重复实验，命中次数 ξ 服从二项分布.

3次投篮命中次数 ξ 的所有可能取值为0，1，2，3，根据伯努利公式得

$$P(\xi=0)=C_3^0\times0.6^0\times(1-0.6)^3=0.064,$$

$$P(\xi=1)=C_3^1\times0.6^1\times(1-0.6)^2=0.288,$$

$$P(\xi=2)=C_3^2\times0.6^2\times(1-0.6)^1=0.432,$$

$$P(\xi=3)=C_3^3\times0.6^3\times(1-0.6)^0=0.216.$$

所以，随机变量 ξ 的分布列如表9-10所示.

表 9-10

ξ	0	1	2	3
P	0.064	0.288	0.432	0.216

期望为

$$E(\xi)=0\times0.064+1\times0.288+2\times0.432+3\times0.216=1.8.$$

方差为

$$D(\xi)=(0-1.8)^2\times0.064+(1-1.8)^2\times0.288+(2-1.8)^2\times0.432+$$
$$(3-1.8)^2\times0.216$$
$$=0.72.$$

笔 记

笔记

标准差为 $\sqrt{D(\xi)} = \dfrac{3\sqrt{2}}{5}$.

一般地，以上两种分布列的期望、方差有以下的公式.

(1)两点分布：$E(\xi) = p$，方差 $D(\xi) = p(1-p)$.

(2)二项分布：若 $\xi \sim B(n, p)$，则期望 $E(\xi) = np$，方差 $D(\xi) = np(1-p)$.

随堂练习

1. 在含有 4 件次品的 10 件产品中，任取 3 件，求：

(1)取得的次品数的分布列、均值、方差和标准差；

(2)至少取得 1 件次品的概率.

2. 在篮球赛中，某篮球运动员的罚球命中率是 0.8，若他被任意罚球 2 次，求：

(1)得分数的分布列；

(2)得分数的均值、方差和标准差；

(3)罚球至多罚中 1 次的概率.

习题 9.2 ▷▷▷▷▷▷▷▷▷▷▷▷

水平一

1. 某批零件的次品率为 10%，从中任意地连续取出 5 件，列表表示其中次品数 ξ 的分布列.

2. 现有一批苹果，其中一等品占 80%，从中任取 6 个，记 ξ 为 6 个中的一等品个数，列表表示 ξ 的分布列.

3. 一袋中有 5 个白球、3 个红球，现从袋中往外取球，每次任取一个记下颜色后放回，直到红球出现 10 次时停止，设停止时共取了 ξ 次，则 $P(\xi=12) = $ _____.

4. 已知随机变量 ξ 的分布列如下.

ξ	0	1	2	3	4
P	0.1	0.2	0.4	0.2	0.1

求随机变量 ξ 的期望、方差、标准差.

水平二

笔记

1. 设随机变量 $\xi \sim B(2, p)$，$\eta \sim B(4, p)$，若 $P(\xi \geqslant 1) = \dfrac{5}{9}$，则 $P(\eta \geqslant 1) =$ _____．

2. 在一次购物抽奖活动中，假设某 10 张券中有一等奖券 1 张，可获价值 50 元的奖品；有二等奖券 3 张，每张可获价值 10 元的奖品；其余 6 张没有奖品．某顾客从此 10 张券中任取 2 张，求：

(1) 该顾客中奖的概率；

(2) 该顾客获得的奖品总价值 ξ（元）的分布列和期望 $E(\xi)$．

3. 从 4 名男生和 2 名女生中任选 3 人参加演讲比赛．设随机变量 ξ 表示所选 3 人中女生的人数．

(1) 求 ξ 的分布列；

(2) 求 ξ 的期望；

(3) 求"所选 3 人中女生的人数 $\xi \leqslant 1$"的概率．

9.3　正态分布 〉〉〉〉〉〉〉〉〉〉〉〉

观察思考

某加工厂加工一批长度为 25.40 cm 的管子，为了检验产品的质量，从一批产品中任取 100 件检测，测得它们的实际尺寸如下（单位：cm）．

25.39	25.36	25.34	25.42	25.45	25.38	25.39	25.42	25.47	25.35
25.41	25.43	25.44	25.48	25.45	25.43	25.46	25.40	25.51	25.45
25.40	25.39	25.41	25.36	25.38	25.31	25.56	25.43	25.40	25.38
25.37	25.44	25.33	25.46	25.40	25.49	25.34	25.42	25.50	25.37
25.35	25.32	25.45	25.40	25.27	25.43	25.54	25.39	25.45	25.43
25.40	25.43	25.44	25.41	25.53	25.37	25.38	25.24	25.44	25.40
25.36	25.42	25.39	25.46	25.38	25.35	25.31	25.34	25.40	25.36
25.41	25.32	25.38	25.42	25.40	25.33	25.37	25.41	25.49	25.35
25.47	25.34	25.30	25.39	25.36	25.46	25.29	25.40	25.37	25.33
25.40	25.35	25.41	25.37	25.47	25.39	25.42	25.47	25.38	25.39

我们是否有合理的方法判断这批产品是否合格？

笔 记

分析理解

面对这样的数据，我们可以借助频率直方图来帮助我们分析. 把这批产品的长度尺寸看成一个总体，那么这 100 个产品的实际尺寸就是容量为 100 的样本，根据前面的知识可以得到这组样本数据的频率直方图.（如图 9-1）

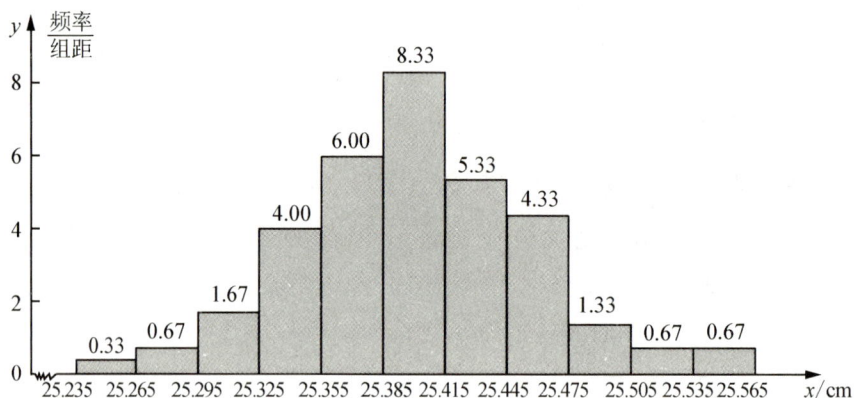

图 9-1

抽象概括

概念

概率密度曲线

正态分布

正态曲线

如果样本容量无限增大，组距无限缩小，那么频率直方图中的小矩形的顶部就会无限地接近一条光滑的曲线 $y=f(x)$，我们把这条曲线叫作**概率密度曲线**.

笔 记

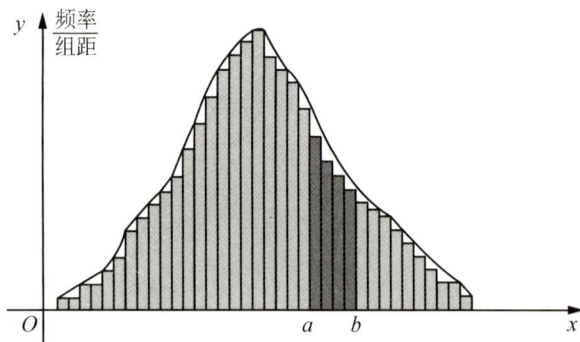

图 9-2

如果知道了概率密度曲线，那么取值于某一范围的概率(如图 9-2 中的 $(a，b)$)，都可以通过计算曲线下方相应部分的面积而得到.

一般地，如果随机变量的概率密度曲线是

$$f(x)=\frac{1}{\sqrt{2\pi}\sigma}\mathrm{e}^{-\frac{(x-\mu)^2}{2\sigma^2}}，x\in(-\infty，+\infty)，$$

其中 μ，σ 是常数，$\sigma>0$(μ 是期望，σ^2 是方差，σ 是标准差)，那么称随机

变量 ξ 服从参数 μ，σ^2 的**正态分布**，简记为 $\xi \sim N(\mu, \sigma^2)$. 这时，我们把随机变量 ξ 的概率密度曲线叫作**正态分布曲线或正态曲线**，ξ 叫作正态随机变量. 正态分布曲线的函数表达式称为正态分布的密度函数. μ，σ 是两个重要参数，一旦 μ，σ 给定了，就给定了一个具体的正态分布. 图 9-3 所示的是 $x = \mu$，σ 分别取 $\frac{1}{2}$，1，2 的正态分布曲线.

📖 笔 记

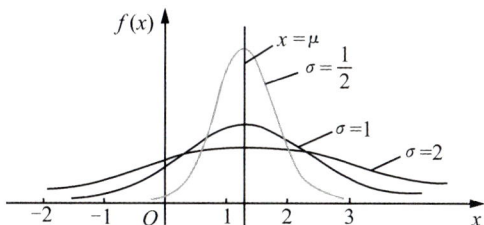

图 9-3

例 1 如果 $\mu = 3$，你能写出图 9-3 中三条曲线的函数表达式吗？

解 根据正态分布曲线的函数表达式，可以求得：

当 $\mu = 3$，$\sigma = \frac{1}{2}$ 时，曲线的函数表达式是

$$f(x) = \frac{1}{\sqrt{2\pi}\,\sigma} e^{-\frac{(x-\mu)^2}{2\sigma^2}} = \frac{1}{\sqrt{2\pi} \times \frac{1}{2}} e^{-\frac{(x-3)^2}{2 \times \left(\frac{1}{2}\right)^2}} = \frac{2}{\sqrt{2\pi}} e^{-2(x-3)^2}.$$

当 $\mu = 3$，$\sigma = 1$ 时，曲线的函数表达式是

$$f(x) = \frac{1}{\sqrt{2\pi}} e^{-\frac{(x-3)^2}{2}}.$$

当 $\mu = 3$，$\sigma = 2$ 时，曲线的函数表达式是

$$f(x) = \frac{1}{2\sqrt{2\pi}} e^{-\frac{(x-3)^2}{8}}.$$

抽象概括 ⚙️

正态分布曲线具有以下性质.

(1) 函数在 $x = \mu$ 处取得最大值，且关于直线 $x = \mu$ 对称，函数图像在 x 轴上方；

(2) 当 μ 一定时，σ 的大小决定函数图像的"高""矮""胖""瘦". σ 越大，函数图像越"矮胖"；σ 越小，函数图像越"高瘦"；

(3) 当 σ 一定时，函数图像的位置由 μ 决定，函数图像随着 μ 的增大而

沿着 x 轴的正方向平移;

x 轴是正态分布曲线的渐近线.

$\mu=0$,$\sigma=1$ 时的正态分布,即 $\xi \sim N(0,1)$ 叫作**标准正态分布**,相应的曲线叫作**标准正态分布曲线**.(如图9-4)

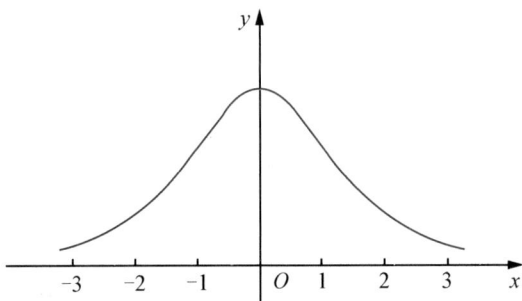

图 9-4

标准正态分布曲线的密度函数是

$$f(x)=\frac{1}{\sqrt{2\pi}}e^{-\frac{x^2}{2}},\ x\in(-\infty,\ +\infty).$$

特别地,如图9-5所示,对于正态分布曲线有以下性质:

$$P(\mu-\sigma<\xi<\mu+\sigma)\approx68.3\%,$$
$$P(\mu-2\sigma<\xi<\mu+2\sigma)\approx95.4\%,$$
$$P(\mu-3\sigma<\xi<\mu+3\sigma)\approx99.7\%.$$

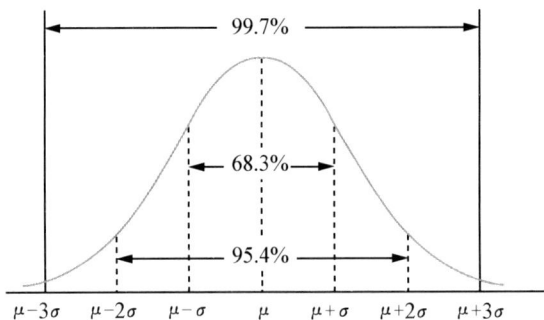

图 9-5

从上面的结论可以看到,随机变量服从正态分布,在区间 $(\mu-3\sigma,\ \mu+3\sigma)$ 外取值的概率小于 0.3%.因为这些概率值很小,在一次试验中几乎不可能发生,所以通常称这些事件为**小概率事件**.在实际应用中,服从于正态分布 $\xi \sim N(\mu,\ \sigma^2)$ 的随机变量 ξ 只取区间 $(\mu-3\sigma,\ \mu+3\sigma)$ 内的值,这就是企业管理中的"3σ 原则".

例 2 若工厂生产符合标准的某种配件的尺寸满足正态分布 $N(39.40, 0.03^2)$，质量检验员随机抽查了 10 个配件，测量得到它们的尺寸如下(单位：cm).

表 9-11

编号	1	2	3	4	5	6	7	8	9	10
尺寸	39.33	39.56	39.45	39.47	39.27	39.36	39.39	39.48	39.46	39.40

请你根据"3σ 原则"，帮助质量检验员确定哪些配件应该判定为不符合标准.

分析 利用服从于正态分布 $\xi \sim N(\mu, \sigma^2)$ 的随机变量 ξ 只取区间 $(\mu - 3\sigma, \mu + 3\sigma)$ 内的值来判定.

解 根据"3σ 原则"，我们把尺寸落在区间 $(39.40 - 3 \times 0.03, 39.40 + 3 \times 0.03)$，即 $(39.31, 39.49)$ 之外的零件配件判定为不符合标准的配件，所以尺寸为 39.56 和 39.27 的两个配件，符合落在区间 $(39.31, 39.49)$ 之外这一条件. 因此判定 2 号和 5 号配件是不符合标准的.

正态分布的应用非常广泛，如产品的质量、农作物的产量、测量中的随机误差、航天飞机和火箭的落点、学生的考试成绩等，一般都服从正态分布.

随堂练习

1. 均值为 3、方差为 π 的正态分布的密度函数为_____.

2. 正态曲线下，横轴上从 μ 到 $+\infty$ 的曲线与横轴围成的图形面积是_____.

3. 正态分布有两个参数 μ 与 σ，相应的正态曲线的形状越"高瘦"，则 (   ).

A. μ 越大   B. μ 越小   C. σ 越大   D. σ 越小

4. 设有一正态分布，它的概率密度曲线的函数表达式是

$$f(x) = \frac{1}{\sqrt{32\pi}} e^{-\frac{(x-12)^2}{32}},$$

指出这个正态分布的期望、方差和标准差.

笔记

习题 9.3 〉〉〉〉〉〉〉〉〉〉

水平一

1. 已知随机变量 ξ 服从正态分布 $N(3, \sigma^2)$，求 $P(\xi < 3)$.

2. 若 $X \sim N(\mu, \sigma^2)$，则 X 位于区间 $[\mu, \mu + \sigma]$ 内的概率是多少？

3. 某市中职二年级男生的身高 X（单位：cm）近似服从正态分布 $N(170, 5^2)$，随机选择一名男生，求下列事件发生的概率.

　　(1) $165 < X \leqslant 175$；　　　(2) $X \leqslant 165$；　　　(3) $X > 175$.

水平二

1. 对某地区的数学考试成绩进行数据分析，男生成绩 X 服从正态分布 $N(72, 8^2)$，女生成绩 Y 服从正态分布 $N(74, 6^2)$. 请你从期望和方差的角度来评价男生、女生的考试成绩.

2. 已知随机变量 ξ 服从正态分布 $N(0, \sigma^2)$，且 $P(\xi > 2) = 0.023$，求 $P(-2 < \xi < 2)$.

3. 已知随机变量 X 服从正态分布 $N(2, \sigma^2)$，且 $P(X < 4) = 0.8$，求 $P(0 < X < 2)$.

数学园地 >>>>>>>>>>>>

伯努利家族

一个家族出现了8位杰出的数学家，横跨了两个世纪三代人，它就是伯努利家族.

雅各布·伯努利
(1654—1705)

约翰·伯努利
(1667—1748)

丹尼尔·伯努利
(1700—1782)

从17世纪到18世纪，伯努利家族出了8位数学家. 不过这一切还要从16世纪说起，1583年伯努利一家为了逃避屠杀，由比利时逃亡到现在的德国法兰克福，最后定居瑞士，开始靠经商糊口. 到了老尼古拉这一代，已经积累了大量财富. 数学的禀赋也逐渐在这个商人家族中沉淀下来，并终于在雅各布·伯努利这一代爆发出来. 这一代中，以雅各布·伯努利和约翰·伯努利最为有名.

雅各布·伯努利对数学有很多贡献，尤其在变分法、解析几何、概率论方面颇有建树. 他将微积分发展到了几何领域，还对等角螺线有着深入的研究. 1705年雅各布·伯努利去世，他要求把等角螺线刻在自己的墓碑上，并附上"纵使变化，依然故我"的墓志铭. 可惜工匠误将等速螺线刻了上去. 1713年，在他去世后的第8年，他的概率论著作《猜度数》出版，该书包含的理论至今仍被广泛地应用在保险业、统计学和遗传学等方面.

约翰·伯努利刚开始是一名医生，后来跨界研究数学，他对微积分也有着很多贡献. 约翰·伯努利曾经编写过一本微积分的教科书，后来不知为何到了洛必达手中，并以洛必达的名义出版了. 这本书描述了一种计算不定型 $\frac{0}{0}$ 极限的方法. 我想你已经发现了，洛必达法则其实是约翰·伯努利发现的. 他与哥哥雅各布·伯努利都研究了最速下降曲线. 此外，他还研究过物理、化学等领域，对光学有很大的贡献，解释了力学中的虚位移原理.

丹尼尔·伯努利是约翰·伯努利的二儿子。丹尼尔与他父亲的经历相似，大学学医学，却对数学十分痴迷. 丹尼尔的研究范围几乎涵盖了当时数学的所有前沿问题，比如代数、微积分、级数理论、微分方程、概率论等。凭借这些研究成果，丹尼尔受到各个科学院的青睐：1747 年成为柏林科学院院士，1748 年成为巴黎科学院院士，1750 年当选英国皇家学会会员.

我们在感叹这个家族基因强大的同时，也不要忘记兴趣才是最好的老师. 如果他们没有自己的坚持，而走上父辈安排的"康庄大道"，或许数学界将会少了三颗耀眼的巨星.

选自王海英. 高等数学. 北京：北京航空航天大学出版社，2011. 引用时有修改.

单元小结 >>>>>>>>>>

学习导图

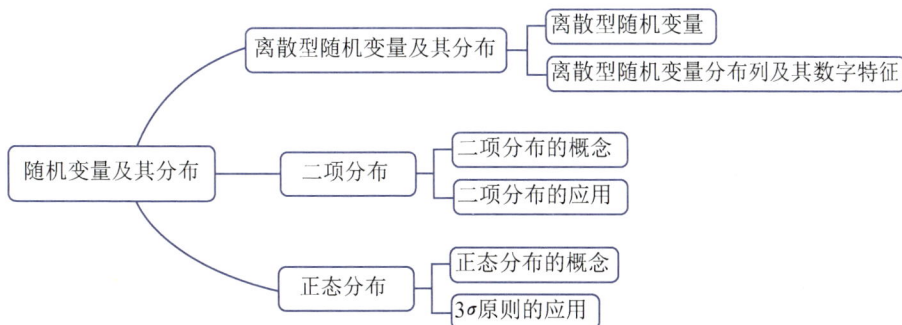

学习指导

1. 离散型随机变量及其分布.

(1)离散型随机变量及其分布.

一般地，如果离散型随机变量 X 可能取的不同值为 x_1，x_2，$\cdots$，x_i，$\cdots$，x_n，X 取每一个值 $x_i(i=1, 2, \cdots, n)$ 的概率 $P(X=x_i)=p_i$，如表所示.

X	x_1	x_2	$\cdots$	x_i	$\cdots$	x_n
P	p_1	p_2	$\cdots$	p_i	$\cdots$	p_n

此表称为离散型随机变量 X 的概率分布列，简称为 X 的分布列.

计算离散型随机变量的概率分布列的基本步骤：计算离散型随机变量的取值；计算出各个离散型随机变量取值所对应的事件发生的概率；列表写出分布列.

(2)离散型随机变量的期望和方差.

2. 二项分布.

一般地，如果在一次试验中某事件 A 发生的概率是 p，随机变量 ξ 为 n 次独立事件中 A 发生的次数，那么，随机变量 ξ 的分布列如表所示.

ξ	0	1	$\cdots$	k	$\cdots$	n
P	$C_n^0(1-p)^{n-0}p^0$	$C_n^1(1-p)^{n-1}p^1$	$\cdots$	$C_n^k(1-p)^{n-k}p^k$	$\cdots$	$C_n^n(1-p)^0p^n$

其中 $0<p<1$，$0<1-p<1$，$k=0, 1, 2, \cdots, n$.

我们把这种形式的离散型随机变量 ξ 的概率分布列叫作二项分布，称离散型随机变量 ξ 服从参数为 n 和 p 的二项分布，记作 $\xi \sim B(n, p)$.

3. 正态分布.

一般地, 如果随机变量的概率密度曲线是

$$f(x) = \frac{1}{\sqrt{2\pi}\,\sigma} e^{-\frac{(x-\mu)^2}{2\sigma^2}},\ x \in (-\infty,\ +\infty).$$

其中 μ, σ 是常数, $\sigma > 0$(μ 是期望, σ^2 是方差, σ 是标准差), 那么称随机变量 ξ 服从参数 μ, σ^2 的正态分布, 简记为 $\xi \sim N(\mu,\ \sigma^2)$, 这时, 我们把随机变量 ξ 的概率密度曲线叫作正态分布曲线或正态曲线, ξ 叫作正态随机变量, μ, σ 是两个重要参数.

对于正态分布曲线有以下性质:

$P(\mu - \sigma < \xi < \mu + \sigma) \approx 68.3\%$,

$P(\mu - 2\sigma < \xi < \mu + 2\sigma) \approx 95.4\%$,

$P(\mu - 3\sigma < \xi < \mu + 3\sigma) \approx 99.7\%$.

单元检测 >>>>>>>>>>>>>>>

水平一

1. 先后抛掷一枚质地均匀的骰子两次,以下随机变量可能取哪些值?

(1)两次的最大点数;

(2)两次的最小点数;

(3)两次的点数之和;

(4)第 1 次的点数减第 2 次的点数.

2. 判断下列表述是否正确,并说明理由.

(1)10 道四选一的单选题,随机猜结果,猜对答案的题目数 $X \sim B(10, 0.25)$;

(2)100 件产品中包含 10 件次品,不放回地随机抽取 6 件,其中的次品数 $Y \sim B(6, 0.1)$.

3. 袋中装有一些大小相同的球,其中有号数为 1 的球 1 个,号数为 2 的球 2 个,号数为 3 的球 3 个……号数为 10 的球 10 个. 从袋中任取一球,其号数 X 作为随机变量 X,求 X 的分布列和期望.

4. 甲、乙两名射手在同一条件下进行射击,其命中环数的分布列分别如下.

甲:

ξ	7	8	9	10
P	0.1	0.2	0.4	0.3

乙:

ξ	7	8	9	10
P	0.2	0.1	0.3	0.4

要从这两名射手中选一名参加射击比赛. 射击比赛按射手所得总环数多少决定名次,当射手的总环数相等时,则根据射手得 10 环的多少来决定名次. 应选派哪一名射手参加比赛呢? 为什么?

水平二

1. 抛掷两枚质地均匀的骰子,求所得的两个点数的积 ξ 的分布列.

2. 根据统计,完成某种疫苗接种后,受种者产生抗体的可能性是 80%,某家庭 5 名成员全部接种了疫苗,求:

(1)家庭所有成员都产生抗体的概率;

(2)恰好有 1 名成员未产生抗体的概率.

3. 某批零件的直径服从正态分布 $N(0.8,0.02^2)$（单位：cm），那么其中直径小于 0.78 cm 的零件约占多少？

4. 某地区中职数学统考，满分 150 分，假设考试成绩服从正态分布 $N(105,9^2)$. 如果按照 16%，34%，34%，16% 的比例将考试成绩分为 A，B，C，D 四个等级，试确定各等级的分数线(精确到 1 分).

第十单元
统 计

　　某市教育部门为掌握本市职业学校全部男生的身体健康情况，需要进行一次身高和体重的调查. 因为所收集的数据较多且杂乱，不易从中发现数据蕴含的规律，所以要合理地抽取样本进行数据分析，从而估计全部男生的身高和体重. 根据生活经验可知身高和体重之间应该有一定的关系. 通常学生的身高较高时，相应的体重也应该较重，但实际上这种判断很容易出错. 那么能否通过分析身高和体重对应的数据来建立这两个量之间的关系呢？

　　统计学是研究如何合理收集、整理、分析数据的一门学科，它可以为我们制定决策提供依据. 统计作为中职数学中应用性较强的模块，也是后续学习的过渡内容，不仅能够提高我们的数学思维能力，也能帮助我们解决生活中的一些实际问题.

　　本单元将在学习统计初步的基础上，进一步学习用样本估计总体和一元线性回归. 通过本单元学习，能更好地体会到用样本来估计总体的取值规律、集中趋势和离散程度，了解一元线性回归模型的含义并掌握用一元线性回归模型进行预测的方法，提升数据分析、数学运算、直观想象和数学建模等核心素养.

1. 用样本估计总体.

了解用样本数据估计总体的集中趋势参数和离散程度参数；了解样本估计总体的取值规律.

2. 一元线性回归.

了解样本线性相关关系和一元线性回归模型的含义；了解求一元线性回归方程的方法，初步掌握用一元线性回归模型进行预测的方法.

10.1 用样本估计总体 >>>>>>>>>>>

10.1.1 总体取值规律的估计 >>>

问题提出

　　为了解某市职业学校全部男生的身高状况，要进行一次身高的调查并收集数据，如何通过分析收集的数据获取该市职业学校全部男生的身高状况呢?

分析理解

　　对于上述问题，总体是该市职业学校全部男生的身高数据，调查的是全部男生的身高. 由于收集的身高数据比较多且杂乱，因此无法直接从原始数据中找到规律. 通常采用抽样调查的方式，通过分析样本数据的分布特征来估计该市职业学校全部男生的身高状况.

抽象概括

　　对于统计问题，实际上总体的取值规律是确定的，但具体是什么却是未知的. 一般地，可以借助所学过的频率分布表和频率直方图得到样本观测数据的频率分布，据此估计出总体的取值规律.

　　例 从某市职业学校全部男生中随机抽取 80 名男生，其身高如下(单位：cm).

168	184	175	182	168	190	170	188	176	193
173	179	170	173	171	193	171	159	186	175
161	165	175	187	174	162	173	178	163	172
166	178	182	175	194	177	169	174	168	170
180	178	189	161	175	173	160	179	183	171
179	162	167	166	178	185	176	165	171	175
165	180	173	157	188	178	162	176	153	174
175	167	173	181	172	163	176	175	168	177

请画出频率直方图. 你能从中发现该市职业学校全部男生的身高分布规律吗?

解　利用 Excel 软件可以快速、准确地画出频率直方图.

表 10-1

分组	频数	频率
$[151，156)$	1	0.012 5
$[156，161)$	3	0.037 5
$[161，166)$	10	0.125 0
$[166，171)$	12	0.150 0
$[171，176)$	23	0.287 5
$[176，181)$	16	0.200 0
$[181，186)$	6	0.075 0
$[186，191)$	6	0.075 0
$[191，196]$	3	0.037 5
合 计	80	1

由频率分布表(表 10-1)可以看出样本数据落在各个小组的比例. 比如，身高处于区间$[171，176)$的男生人数最多，处于区间$[151，156)$的男生人数最少等. 如图 10-1，由频率直方图容易看出，图形的大体分布是中间高、两边低，这表明大多数男生的身高处于中等偏上，少数男生的身高有点儿偏低. 根据这 80 名男生的身高数据的频率分布，可以推测该市职业学校全部男生的身高也会有类似的分布. 这就是用样本估计总体的基本思想.

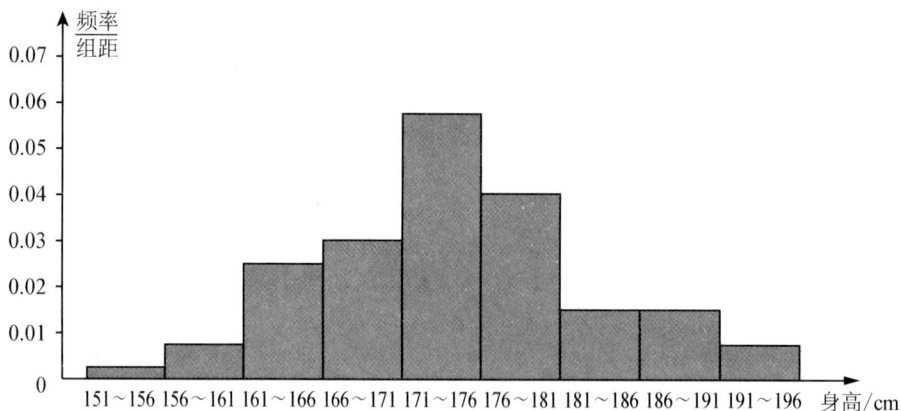

图 10-1

特别提示

利用样本数据的频率直方图可以清楚看到样本数据的总体分布规律，但是得不出原始的具体数据.

随堂练习

1. 某校持续开展"悦读伴我成长"读书活动，为了解一年级 1 000 名学生寒假期间的阅读情况，抽查统计了 100 名学生某一周的阅读时间(单位：h)，绘制了频率直方图(如图所示)，那么估计该校一年级学生中阅读时间在$[4，8)$内的人数为_____.

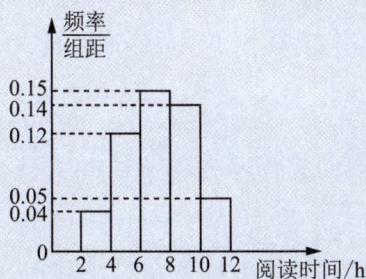

第1题图

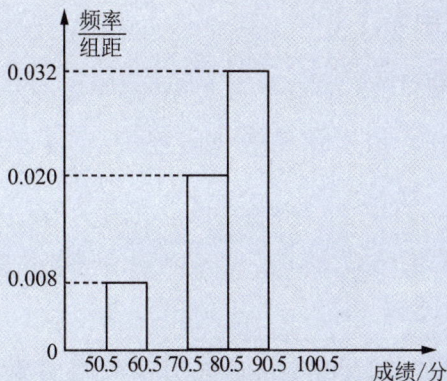

第2题图

2. 绿水青山就是金山银山. 为了让学生了解环保知识, 增强环保意识, 某校举行了一次"环保知识"竞赛, 共有 900 名学生参加了这次竞赛. 为了解本次竞赛成绩情况, 从中抽取了部分学生的成绩(得分均为整数, 满分为 100 分)进行统计. 请你根据尚未完成的频率分布表和频率直方图, 解答下列问题.

分组	频数	频率
$[50.5, 60.5)$	4	0.08
$[60.5, 70.5)$		0.16
$[70.5, 80.5)$	10	
$[80.5, 90.5)$	16	0.32
$[90.5, 100.5]$		
合计	50	

(1)填充频率分布表的空格(将答案填在表格内);

(2)补全频率直方图.

10.1.2 总体集中趋势的估计 >>>

知识回顾

我们知道: 一组数据的总和除以这组数据的个数所得到的商叫这组数据的平均数; 将一组数据按大小顺序排列, 处在最中间位置的一个数或最中间的两个数的平均数叫作这组数据的中位数; 在一组数据中重复出现次数最多的数叫作这组数据的众数.

观察思考 🔍

利用 10.1.1 节中的 80 名男生的身高数据来计算样本的平均数、中位数和众数，那么你能否据此估计出该职业学校全部男生身高的平均数、中位数和众数呢？

分析理解 🎯

将随机抽取的 80 名男生的身高数据作为样本，由样本的平均数、中位数和众数的定义可得到身高的平均数是 173.912 5 cm，中位数是 174 cm，众数是 175 cm．

根据样本估计总体的基本思想，这 80 个身高数据是从该职业学校全部男生身高数据中随机抽取的样本，所以可据此估计该市职业学校全部男生身高的平均数约为 173.912 5 cm，中位数约为 174 cm，众数约为 175 cm．

> 💡 **特别提示**
>
> 假设从该市职业学校中再随机抽取 80 名男生的身高数据，计算所得样本的集中趋势参数（平均数、中位数、众数）一般会与上面样本的集中趋势参数不同．因为抽取样本具有随机性，所以样本的集中趋势参数就会具有随机性．

抽象概括 ⚙️

在用样本估计总体的集中趋势参数时，利用样本数据计算得到的平均数、中位数和众数并不是总体真正的平均数、中位数和众数，而是对总体的一个估计，但这种估计是合理的，因为随机抽样的方法是合理的．

例 某校对学生的问卷调查中，含有学生对自己满意度的评分，从全部收回的 3 500 份问卷中随机抽取 20 份，问卷中满意度的评分如下(单位：分).

$$50 \quad 30 \quad 60 \quad 80 \quad 70 \quad 60 \quad 80 \quad 50 \quad 60 \quad 60$$
$$70 \quad 40 \quad 50 \quad 80 \quad 60 \quad 70 \quad 50 \quad 60 \quad 50 \quad 60$$

根据以上数据，估计该校学生对自己满意度的平均数、中位数和众数．

解 可将这 20 份问卷作为一个样本，来估计该校学生对自己的满意度．下面来计算样本数据的平均数、中位数和众数，可得

$$\bar{x} = \frac{1}{20}(50 + 30 + 60 + 80 + \cdots + 50 + 60 + 50 + 60) = 59.5.$$

即 20 份问卷满意度评分的平均数为 59.5 分．将 20 个样本数据从小到

大排序得到的第 10 个数和第 11 个数均为 60 分，则 20 份问卷满意度评分的中位数是 60 分. 从样本数据中找到出现次数最多的数是 60 分，可知 20 份问卷满意度评分的众数也是 60 分.

因为 20 份问卷满意度的评分数据是从该校 3 500 份问卷中随机抽取的样本，所以由此估计该校 3 500 份问卷满意度评分的平均数约为 59.5 分，中位数约为 60 分，众数约为 60 分. 即该校学生对自己满意度的评分平均约为 59.5 分，评分处于中间的约为 60 分，评分为 60 分的人数最多.

随堂练习

1. 已知 10 名工人生产同一种零件，他们所生产的件数分别是 16，18，15，11，16，18，18，17，15，13，则这组数据的平均数、中位数、众数分别为_____，_____，_____.

2. 一箱方便面共有 50 袋，用随机抽样方法从中抽取了 10 袋，称其质量(单位：g)为：60.5　61　60　60　61.5　59.5　59.5　58　60　60，由此估计这一箱方便面质量的平均数、中位数、众数分别是_____，_____，_____.

3. 光明小区的广场上有甲、乙两群市民正在游玩，年龄如下(单位：岁).

　　　甲　13　13　14　15　15　15　15　16　17　17
　　　乙　54　3　4　4　5　5　6　6　6　57

(1)求甲群市民年龄的平均数、中位数和众数，说说哪个统计量能较好地反映甲群市民的年龄特征.

(2)求乙群市民年龄的平均数、中位数和众数，说说哪个统计量能较好地反映乙群市民的年龄特征.

▌10.1.3 总体离散程度的估计 >>>

知识回顾

我们知道：一组数据的最大值与最小值的差称为极差. 标准差一般用 s 表示，且 $s = \sqrt{\dfrac{1}{n}\left[(x_1-\bar{x})^2+(x_2-\bar{x})^2+\cdots+(x_n-\bar{x})^2\right]}$. 方差是标准差的平方，即 $s^2 = \dfrac{1}{n}\left[(x_1-\bar{x})^2+(x_2-\bar{x})^2+\cdots+(x_n-\bar{x})^2\right]$，其中 $x_i(i=1，2，\cdots，n)$ 是样本数据，n 是样本容量，$\bar{x}$ 是平均数.

问题提出 **?**

某部队有甲、乙两名新兵在一次射击测试中各打靶 10 次，每次命中的环数如下.

甲 7 8 7 9 9 4 5 4 7 10

乙 9 5 7 7 7 6 8 6 8 7

以这次射击的环数作为样本评价两名新兵的射击成绩，经过计算可得到两名新兵射击成绩的平均数、中位数、众数都是 7，而极差分别是 6 和 4，标准差分别是 2 和 1.095. 如何对这两名新兵的射击情况做出评价？

分析理解

从平均数、中位数、众数的角度来看，两名新兵之间是没有差别的. 但是从极差会发现甲的成绩波动范围比乙的大，从标准差得出甲的成绩离散程度大，乙的成绩离散程度小. 由此可以估计乙比甲的射击成绩稳定. 如果要选两名新兵中的一名参加比赛，从射击成绩的稳定性来看，可以选择乙参赛.

抽象概括

极差反映了一组数据变化的最大幅度，只使用了样本数据中最大和最小两个值，所含的信息量很少. 标准差和方差反映了一组数据围绕样本平均数波动的大小. 在实际问题中，总体所包含的个体数是很多的，通常用样本的离散程度值(极差、标准差、方差)去估计总体的离散程度参数，前提是随机抽取的样本有较好的代表性.

例 甲、乙两名技工同时加工直径为 100 cm 的零件，为了检验其质量，从中各抽取 6 件进行测量，数据如下(单位：cm).

甲 99 100 98 100 100 103

乙 99 100 102 99 100 100

(1)分别计算两组数据的极差、平均数及方差；

(2)根据计算结果说明哪一名技工加工零件的质量更稳定.

解 (1)由所给数据得甲的极差为 103－98＝5，乙的极差为 102－99＝3.

从数据容易计算得到平均值

$$\overline{x}_{甲}=\frac{1}{6}\times(99+100+98+100+100+103)=100,$$

$$\overline{x}_{乙} = \frac{1}{6} \times (99 + 100 + 102 + 99 + 100 + 100) = 100.$$

我们分别计算方差

$$s^2_{甲} = \frac{1}{6} [(99-100)^2 + (100-100)^2 + (98-100)^2 + (100-100)^2 +$$

$$(100-100)^2 + (103-100)^2] = \frac{7}{3},$$

$$s^2_{乙} = \frac{1}{6} \times [(99-100)^2 + (100-100)^2 + (102-100)^2 + (99-100)^2 +$$

$$(100-100)^2 + (100-100)^2] = 1.$$

(2)由(1)知两名技工加工的零件直径的平均数相同. 由极差得甲加工的零件直径的波动范围大，$s^2_{甲} > s^2_{乙}$，这说明乙加工的零件的质量更稳定.

随堂练习

1. 甲、乙两名同学参加学校举办的篮球比赛，他们都参加了全部的 7 场比赛，平均得分均为 16 分，标准差分别为 5.09 和 3.72，则甲、乙两名同学在这次篮球比赛活动中，发挥得更稳定的是(   ).

A. 甲   B. 乙   C. 甲、乙相同   D. 不能确定

2. 某样本共有 5 个个体，其值分别为 a, 0, 1, 2, 3. 若该样本的平均数为 1，则样本方差为(   ).

A. $\sqrt{\dfrac{6}{5}}$ B. $\dfrac{6}{5}$ C. $\sqrt{2}$ D. 2

3. 某学校医务室随机抽查了某中职学校一年级 10 名学生的体重(单位：kg)如下.

      71   72   68   76   73   67   70   65   74   74

估计该年级所有学生体重数据的方差、标准差.

4. 甲、乙两人参加某体育项目训练，近期的 5 次测试成绩情况如图所示.

(1)分别求出两人得分的平均数与方差；

(2)根据图中数据算得结果，对两人的训练成绩进行评价.

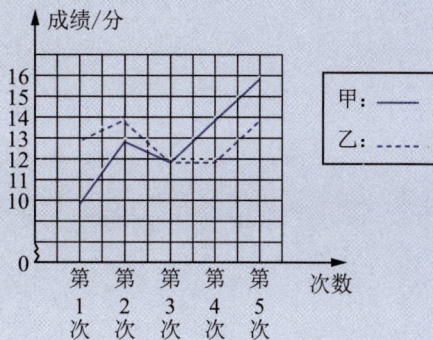

第 4 题图

笔记

习题 10.1　>>>>>>>>>>>

水平一

1. 甲、乙、丙、丁 4 名射手在选拔赛中所得的平均环数 $\bar{x}$ 及其方差 s^2 如表所示，则选送决赛的最佳人选应是(　　).

	甲	乙	丙	丁
$\bar{x}$	7	8	8	7
s^2	6.3	6.3	7	8.7

A. 甲　　　　　　B. 乙　　　　　　C. 丙　　　　　　D. 丁

2. 某班级学习小组在一次数学测验中，得 100 分的有 1 人，95 分的有 1 人，90 分的有 2 人，85 分的有 4 人，80 分和 75 分的各 1 人，则该小组成绩的平均数、众数、中位数分别是(　　).

A. 85 分、85 分、85 分　　　　B. 87 分、85 分、86 分

C. 87 分、85 分、85 分　　　　D. 87 分、85 分、90 分

3. 某学生在一年的 5 次数学模拟考试中的成绩(单位：分)分别为：x，y，105，109，110. 若 5 次数学成绩的平均数为 108，方差为 35.2，则 $|x-y|$ 的值为(　　).

A. 15　　　　　　B. 16　　　　　　C. 17　　　　　　D. 18

4. 某电子商务公司对 10 000 名网络购物者 2020 年度的消费情况进行统计，发现消费金额(单位：万元)都在区间[0.3，0.9]内，其频率直方图如图所示.

第 4 题图

(1)求频率直方图中的 $a=$_____；

(2)在这些购物者中，消费金额在区间[0.5，0.9]内的购物者的人数为_____.

5. 甲、乙两种某经济作物的试验品种连续 5 年的平均单位面积产量如下(单位：千斤/公顷①).

年数	第1年	第2年	第3年	第4年	第5年
甲	9.8	9.9	10.1	10	10.2
乙	9.4	10.3	10.8	9.7	9.8

若某村农民要从中引进一种该经济作物大量种植，给出你的建议.

水平二

1. 为持续深入打好蓝天、碧水、净土保卫战，加强污染物协同控制，基本消除重污染天气. 某市 4 月 1 日至 30 日对空气污染指数的监测数据如下(主要污染物为可吸入颗粒物).

$$61 \quad 76 \quad 70 \quad 56 \quad 81 \quad 91 \quad 92 \quad 91 \quad 75 \quad 81$$
$$88 \quad 67 \quad 101 \quad 103 \quad 95 \quad 91 \quad 77 \quad 86 \quad 81 \quad 83$$
$$82 \quad 82 \quad 64 \quad 79 \quad 86 \quad 85 \quad 75 \quad 71 \quad 49 \quad 45$$

(1)完成频率分布表；

(2)作出频率直方图；

(3)根据国家标准，污染指数在 0～50 时，空气质量为优；在 51～100 时，为良；在 101～150 时，为轻微污染；在 151～200 时，为轻度污染. 请依据所给数据和上述标准，对该市的空气质量给出一个评价.

2. 某公司销售部有销售人员 15 人，为了制定某种商品的月销售定额，统计了这 15 名销售人员某月的销售量如下(单位：件).

每人销售件数	1 800	510	250	210	150	120
人数	1	1	3	5	3	2

(1)求这 15 名销售人员该月销售量的平均数、中位数及众数；

(2)假设该销售部负责人把每名销售人员的月销售定额定为 320 件，你认为是否合理，为什么？

3. 某中职学校二年级在一次数学竞赛选拔赛中，由于甲、乙两人的成绩相同，现决定根据两人平时在相同条件下进行的 6 次测试确定出最佳人选. 这 6 次测试的成绩数据如下(单位：分).

甲	127	138	130	137	135	131
乙	133	129	138	134	128	136

求两人测试成绩的平均数以及方差并分析成绩的稳定性，从中选出一位参加数学竞赛.

---

① 千斤，旧制. 1 千斤＝500 kg. 公顷，旧制. 1 公顷＝0.01 km².

10.2　一元线性回归　>>>>>>>>>>>

10.2.1　样本线性相关关系　>>>

问题提出 ❓

在现实生活中，有些量之间有明显的函数关系，比如正方形的边长 a 和面积 S 之间就有 $S=a^2$ 的关系．学生的身高和体重之间有没有关系呢？

从某市职业学校随机抽取 8 名学生的身高 x（单位：cm）与体重 y（单位：kg）数据如下．

表 10-2

编号	1	2	3	4	5	6	7	8
x	172	150	170	165	180	176	155	160
y	60	47	85	70	75	80	50	65

分析理解 🎯

凭借生活中积累的经验可知，学生的身高和体重之间有一定的关系．一般来说，学生的身高越高，体重也就越重．实际上，学生的身高并不能完全确定体重，饮食习惯、体育锻炼、睡眠时间等因素也影响体重．因此，学生的身高和体重的关系并不像以前研究过的函数关系，知道身高并不能直接确定体重．

抽象概括 ⚙️

如果两个变量有关系，但又不是确定性的必然关系，这种关系称为相关关系．相关关系是一种随机关系，当一个变量的值确定后，另一个变量的值虽然与它有密切关系，但是仍无法完全确定．

例 1　下列关系中，属于相关关系的是_____．
(1)扇形的半径与面积；
(2)学生的学习态度与学习成绩；
(3)出租车车费与行驶的路程；
(4)降雪量与交通事故的发生率．

解 (1)中，扇形的半径与面积之间是确定关系，即函数关系；(2)中，学习态度与学习成绩之间是不确定的关系，属于相关关系；(3)中，出租车车费与行驶的路程之间为确定的函数关系；(4)中，降雪量与交通事故的发生率之间具有相关关系.

在平面直角坐标系中，横轴表示身高(单位：cm)，纵轴表示体重(单位：kg)，样本数据中每位同学的身高和体重组成的有序数对都可用平面直角坐标系中的点表示出来. 由这些点组成的统计图叫作散点图.

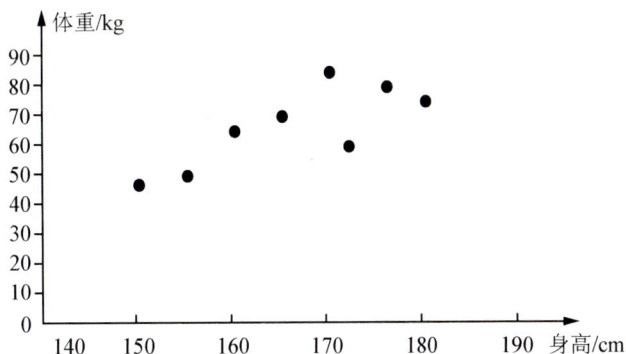

图 10-2

借助散点图可以直观地判断出学生的身高和体重两个变量之间的确存在着相关关系，而且从整体上看这些散点大致分布在一条直线附近.

抽象概括

从整体上看，当一个变量的值增加时，另一个变量的相应值也呈现增加的趋势，我们就称这两个变量正相关；如果当一个变量的值增加时，另一个变量的相应值呈现减少的趋势，则称这两个变量负相关.

一般地，如果两个变量的取值呈现正相关或负相关，且散点的分布大致落在一条直线的附近，就称这两个变量线性相关. 通常把研究两个变量之间的线性相关关系称为一元线性回归分析.

例 2 为响应国家加快建设农业强国、强化农业科技的要求，某科研所收集了水稻产量与施化肥量的一组观测数据进行研究，数据如表 10-3 所示(单位：kg/亩①).

表 10-3

施化肥量	15	20	25	30	35	40	45
水稻产量	320	330	360	410	460	470	480

---

① 亩，旧制. 1 亩 ≈ 666.67 m².

笔 记

(1)将上述数据制成散点图;

(2)你能从散点图中发现施化肥量与水稻产量近似成什么关系吗?

解 (1)作出的散点图如图 10-3 所示.

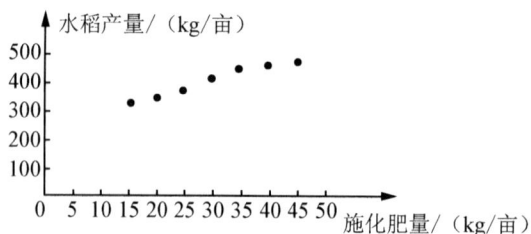

图 10-3

(2)从图 10-3 中可以发现施化肥量与水稻产量具有相关关系. 当施化肥量由小到大变化时, 水稻产量由小变大, 图中的数据点大致分布在一条直线的附近, 因此施化肥量和水稻产量近似成线性相关关系.

随堂练习

1. 下列图中, 两个变量 x, y 之间具有相关关系的是_____.

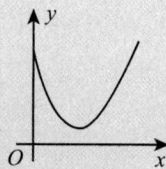 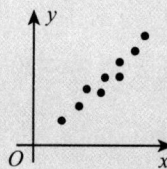 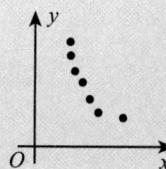 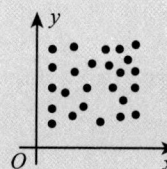

（1） （2） （3） （4）

2. 观察下列散点图, 其中两个变量 x, y 之间具有线性相关关系的是 ( ).

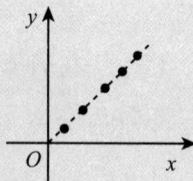 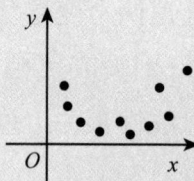 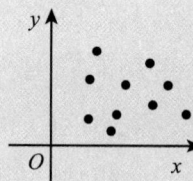 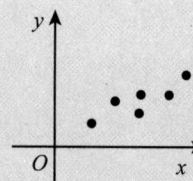

A. B. C. D.

3. 为了解学生的计算能力, 对某同学进行了 10 次试验, 收集数据如下.

答题数量 x/道	5	10	15	20	25	30	35	40	45	50
做题时间 y/min	9	19	26	37	48	52	61	73	81	89

请画出散点图并判断它们是否具有线性相关关系.

10.2.2　一元线性回归模型及其应用 >>>

问题提出

从 10.2.1 节中知道学生的身高和体重两个变量之间具有一定的线性相关关系，即从整体上看散点大致分布在一条直线的附近．类比函数模型，你能不能找到刻画两个变量之间随机关系的统计模型呢？

分析理解

图 10-2 中的散点从整体上看大致落在一条直线的附近，这就启发我们可以用一次函数来刻画学生的身高对其体重的影响，把影响体重的其他因素，如饮食习惯、体育锻炼、测量精度等作为随机误差，从而得到刻画两个变量之间随机关系的一种统计模型．

抽象概括

用 x 表示学生的身高，y 表示学生的体重，e 表示随机误差，假定随机误差 e 的均值为 0，方差是与学生的身高无关的定值 σ^2，则它们之间的关系可以表示为 $\begin{cases} y = bx + a + e, \\ E(e) = 0,\ D(e) = \sigma^2, \end{cases}$ 我们称此关系为 y 关于 x 的一元线性回归模型．其中 x 称为解释变量，y 称为响应变量，a 和 b 分别是截距和斜率．

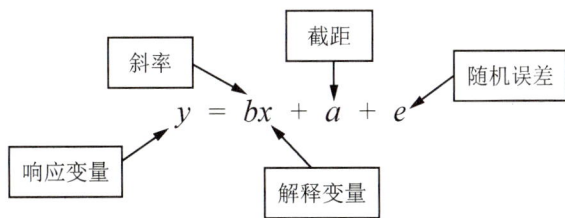

$$y = bx + a + e$$

（斜率　截距　随机误差　响应变量　解释变量）

图 10-4

我们所选取的样本数据中的每个点 $(x_i,\ y_i)(i = 1,\ 2,\ 3,\ \cdots,\ n)$ 都满足 $y_i = bx_i + a + e_i (e_i$ 表示随机误差).

例 1　在一元线性回归模型中，参数 b 的含义是什么？

解　参数 b 是斜率，可以理解为解释变量 x 对响应变量 y 的均值的影响，即解释变量 x 每增加 1 个单位，响应变量 y 的均值就将增加 b 个单位．鉴于响应变量 y 最终的取值，除了受到解释变量 x 的影响，还要受到随机

误差 e 的影响，所以不能理解为解释变量 x 每增加 1 个单位，响应变量 y 就增加 b 个单位.

对于一元线性回归模型，散点图中的散点从整体上看大致分布在一条直线的附近，显然这样的直线可以画出无数条. 但我们希望能找出其中一条，使各个散点在整体上与这条直线最接近.

抽象概括 ⚙

满足一元线性回归模型的两个变量的 n 对样本数据为 (x_1, y_1)，(x_2, y_2)，…，(x_n, y_n)，假设我们所求的直线方程为 $y = bx + a$，其中 a 和 b 是待定系数. 由 $y_i = bx_i + a + e_i (i = 1, 2, …, n)$ 得到 $|y_i - (bx_i + a)| = |e_i|$. 如果 $|e_i|$ 越小，表示点 (x_i, y_i) 与点 $(x_i, b_ix + a)$ 的"距离"越小. 为了计算方便，我们可以借用表达式

$$[y_1 - (bx_1 + a)]^2 + [y_2 - (bx_2 + a)]^2 + \cdots + [y_n - (bx_n + a)]^2$$

来刻画这 n 对样本数据与直线 $y = bx + a$ 的整体接近程度，使上面的表达式达到最小值的直线 $y = bx + a$ 就是所求的直线. 这种方法称为最小二乘法.

由于 a 和 b 是待定系数，我们可以用两个变量的样本数据去估计 a 和 b 的值，记作 $\hat{a}$ 和 $\hat{b}$，且

$$\begin{cases} \hat{b} = \dfrac{\sum\limits_{i=1}^{n}(x_i - \bar{x})(y_i - \bar{y})}{\sum\limits_{i=1}^{n}(x_i - \bar{x})^2} = \dfrac{\sum\limits_{i=1}^{n}x_iy_i - n\bar{x}\bar{y}}{\sum\limits_{i=1}^{n}x_i^2 - n\bar{x}^2}, \quad \left(\sum \text{表示求和符号}\right) \\ \hat{a} = \bar{y} - \hat{b}\bar{x}. \end{cases}$$

这样得到的方程 $\hat{y} = \hat{b}x + \hat{a}$ 称为 y 关于 x 的一元线性回归方程. （可以利用配方法推导出这两个公式，在这里不做探究）

合作交流

在研究各个散点与直线的接近程度时，为什么不用点到直线的"垂直距离"，而是用平行于纵轴的"竖直距离"呢?

例 2 某研究机构对某校学生的记忆力 x 和判断力 y 进行统计分析得到如表 10-4 所示的数据.

表 10-4

x	6	8	10	12
y	2	3	5	6

(1)请画出上表数据的散点图;

(2)请根据上表提供的数据,建立 y 关于 x 的一元线性回归方程;

(3)试根据求出的一元线性回归方程,预测记忆力为 9 的同学的判断力.

解 (1)作出的散点图如图 10-5 所示.

(2)由(1)中散点图可知 y 与 x 具有线性相关关系.

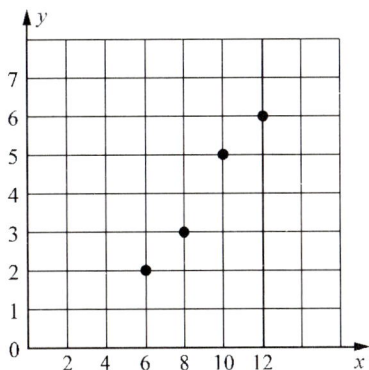

图 10-5

$$\sum_{i=1}^{4} x_i y_i = 6 \times 2 + 8 \times 3 + 10 \times 5 + 12 \times 6 = 158,$$

$$\bar{x} = \frac{6+8+10+12}{4} = 9, \quad \bar{y} = \frac{2+3+5+6}{4} = 4,$$

$$\sum_{i=1}^{4} x_i^2 = 6^2 + 8^2 + 10^2 + 12^2 = 344.$$

则 $\hat{b} = \dfrac{\sum\limits_{i=1}^{4} x_i y_i - 4\bar{x}\bar{y}}{\sum\limits_{i=1}^{4} x_i^2 - 4\bar{x}^2} = \dfrac{158 - 4 \times 9 \times 4}{344 - 4 \times 9^2} = \dfrac{14}{20} = 0.7,$

且 $\hat{a} = \bar{y} - \hat{b}\bar{x} = 4 - 0.7 \times 9 = -2.3,$

所以 y 关于 x 的一元线性回归方程为 $\hat{y} = 0.7x - 2.3.$

(3)由(2)中一元线性回归方程可知当 $x = 9$ 时,$\hat{y} = 0.7 \times 9 - 2.3 = 4.$ 故预测记忆力为 9 的同学的判断力为 4.

例3 在 10.2.1 节中随机抽取 8 名学生的身高与体重,它们具有线性相关关系,请利用 Excel 软件求出对应的一元线性回归方程.

解 具体的操作步骤如下.

(1)先将数据录入 Excel 工作表格中.

(2)选中数据区域,点击"插入",选中图表中的"XY 散点图",点击就会呈现散点图. 将鼠标放到散点图中的点上,点就会发生变化,然后点击鼠标右键,选择"添加趋势线"会出现一个对话框.

(3)在类型中选择"线性",在选项中选择"显示公式",就会出现一元线性回归方程(如图 10-6 所示).

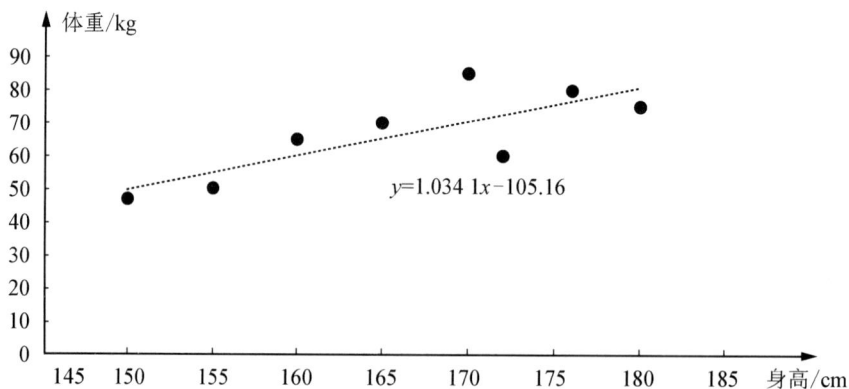

图 10-6

笔 记

随堂练习

1. 已知一元线性回归方程的斜率的估计值是 1.23，且过定点 $(4，5)$，则一元线性回归方程是_____.

2. 某地区近 10 年居民的年收入 x 与年支出 y 之间的关系大致符合 $\hat{y}=0.8x+0.1$(单位：亿元)，预计今年该地区居民的年收入为 15 亿元，则今年居民的年支出估计是_____亿元.

3. 一位母亲记录了儿子 3～9 岁时的身高，并建立了身高与年龄的回归模型 $\hat{y}=7.19x+73.93$，用这个模型预测这个孩子 10 岁的身高，则正确的叙述是(　　).

A. 身高一定是 145.83 cm　　B. 身高在 145.83 cm 以上

C. 身高在 145.83 cm 左右　　D. 身高在 145.83 cm 以下

4. 在一段时间内，某种商品的价格 x(单位：元)和需求量 y(单位：件)之间的一组数据如下.

x	14	16	18	20	22
y	12	10	7	5	3

已知 x 与 y 具有线性相关关系，求 y 关于 x 的一元线性回归方程.

习题 10.2 >>>>>>>>>>>

水平一

1. 已知变量 x，y 之间具有线性相关关系，其散点图如图所示，则其一元线性回归方程可能为(　　).

A. $\hat{y}=1.5x+2$　　　　　　B. $\hat{y}=-1.5x+2$

C. $\hat{y}=1.5x-2$　　　　　　D. $\hat{y}=-1.5x-2$

第 1 题图

2. 设一元线性回归方程为 $y=2+1.2x$，变量 x 增加 1 个单位长度时，则(　　).

A. y 平均增加 1.2 个单位长度　　B. y 平均减少 1.2 个单位长度

C. y 平均增加 2 个单位长度　　D. y 平均减少 2 个单位长度

3. 2020 年国庆节期间，某旅行社接待游客人数如下表.

日期	10 月 1 日	10 月 2 日	10 月 3 日	10 月 4 日	10 月 5 日	10 月 6 日	10 月 7 日
人数	3 500	3 501	3 504	3 506	3 506	3 508	3 507

下列说法正确的是_____(填序号).

(1)根据数据作出散点图可知日期与人数具有相关关系;

(2)根据数据作出散点图可知日期与人数不具有相关关系;

(3)根据数据作出散点图可知日期与人数具有线性相关关系.

4. 某品牌服装专卖店为了解保暖衬衣的销售量 y(单位：件)与平均温度 x(单位:℃)之间的关系，随机统计连续四旬的销售量与该地当旬的平均温度，其数据如下表.

时间	2 月上旬	2 月中旬	2 月下旬	3 月上旬
平均温度 x/℃	3	8	12	17
销售量 y/件	55	m	33	24

由表中数据算出一元线性回归方程 $\hat{y}=\hat{b}x+\hat{a}$ 中的 $\hat{b}=-2$，$\bar{x}=10$，$\bar{y}=38$.

(1)表中数据 $m=$_____;

(2)气象部门预测 3 月中旬的平均温度约为 22 ℃，据此估计该品牌的保暖衬衣在 3 月中旬的销售量约为_____件.

5. 某男孩的年龄与身高的统计数据如表所示.

年龄 x/岁	1	2	3	4	5	6
身高 y/cm	78	87	98	108	115	120

(1)画出散点图;

(2)判断 y 与 x 是否具有线性相关关系.

水平二

6. 某产品的广告费支出 x(单位:千万元)与销售额 y(单位:千万元)之间有如下关系.

x	2	4	5	6	8
y	3	4	6	5	7

根据表中的数据制成散点图,你能从散点图中发现广告费支出与销售额之间的近似关系吗? 若是线性相关关系,求 y 关于 x 的一元线性回归方程.

7. 通过市场调查得到某产品资金投入 x(单元:万元)与获得的利润 y(单元:万元)的数据.

x	2	3	4	5	6
y	2	3	5	6	9

(1)请根据上表提供的数据,求出 y 关于 x 的一元线性回归方程;

(2)现投入资金 10 万元,估计获得的利润为多少万元?

$$\left(提示:\hat{b}=\frac{\sum_{i=1}^{n}x_iy_i-n\overline{x}\,\overline{y}}{\sum_{i=1}^{n}x_i^2-n\overline{x}^2},\ \hat{a}=\overline{y}-\hat{b}\overline{x}\right)$$

数学园地 >>>>>>>>>>>

战争中的统计学

在第二次世界大战期间，美国陆军航空队和英国皇家空军一起对德国进行战略轰炸. 但是在早期，每次执行任务的战损率都很高. 为此，美国陆军航空队采取了种种措施，希望减少损失. 其中有一条措施就是请美国派统计专家来前线，看能否通过统计手段降低战损率. 一位统计学家很快来到前线基地，他在各个部队走访了一圈，然后让配合他工作的士兵去制作了陆军航空队所用的轰炸机的大尺寸模型. 在接下来的时间里，只要有执行任务的轰炸机部队返航，统计学家和士兵就在第一时间去机场，详细地记录下每一架飞机的损伤情况，随后在模型上用墨汁将所有被击中的部位涂黑. 结果不到两个月的时间，统计学家面前的轰炸机模型上，除了几个很小的区域还是机身原来的颜色以外，其他全被涂黑了. 很多地方显然是被反复涂过多次，墨汁都已经像油漆一样凝结成了厚厚的一层.

统计学家将这些飞机模型带到了陆军航空队司令的办公室，在场的还有各个轰炸机生产厂家的代表. 在司令的面前，统计学家指着模型，先解释了机身被涂黑意味着什么，接着提出了他的建议："请让厂家将轰炸机上这些没有被涂成黑色的部位，尽快增加装甲."几个厂家代表马上发出了疑问："为什么是这些没有被击中的地方呢? 难道那些被击中次数最多的部位不需要增加装甲吗?"统计学家摇了摇头，解释道："这些部位之所以没有被涂黑，不是因为那里不会被击中，而是因为所有被击中这些部位的飞机，最终都没有返回基地."陆军航空队司令非常赞同统计学家的观点，立刻下令让各个生产厂家给轰炸机的相应部位增加防护措施. 在采取统计学家的建议后，轰炸机部队在执行任务时的战损率果然有了明显的下降.

这个真实的故事能够带给我们什么启示呢? 可能每一个人对此都有不同的理解. 这位统计学家在分析问题的时候，能够做到不被表面现象所迷惑，在使用数据之前首先考虑数据的代表性问题，才能得到正确的统计分析结果.

💡 相关链接

我国确立党在新时代的强军目标，贯彻新时代党的强军思想，贯彻新时代军事战略方针，坚持党对人民军队的绝对领导. 人民军队体制一新、结构一新、格局一新、面貌一新，现代化水平和实战能力显著提升，中国特色强军之路越走越宽广.

笔记

单元小结 >>>>>>>>>>

学习导图

```
                    ┌─ 总体取值规律的估计
         ┌─ 用样本估计总体 ─┤─ 总体集中趋势的估计
         │                └─ 总体离散程度的估计
  统计 ──┤
         │                ┌─ 样本线性相关关系
         └─ 一元线性回归 ──┤
                          └─ 一元线性回归模型及其应用
```

学习指导

1. 用样本估计总体

(1)总体取值规律的估计.

结合许多实际问题，我们经常要根据样本的取值规律来估计总体的取值规律，即样本的取值规律可以用频率分布表或频率直方图来描述，据此估计总体的取值规律，所以要准确画出频率分布表或频率直方图.

(2)总体集中趋势的估计.

平均数、中位数、众数都可以反映一组数据的集中趋势，从某种意义上刻画的是数据的中心位置. 我们借助样本观测数据可以得到样本数据的平均数、中位数、众数的统计特征，据此可以估计出总体的统计特征，所以要确保样本数据抽取的合理性.

(3)总体离散程度的估计.

方差、标准差、极差是学生比较熟悉的概念，可以用样本方差、标准差、极差分别来估计总体方差、标准差、极差. 本部分主要侧重方差、标准差、极差的应用，即用两组样本数据的比较加深对方差、标准差、极差含义的理解. 所以确保实际问题中的计算结果无误才能做出准确的判断.

2. 一元线性回归

(1)样本线性相关关系.

相关关系不是函数关系. 相关关系是指两个变量之间有关系，但又是不确定性的相互依存的关系. 我们借助散点图可以直观判断两个变量的相关关系，散点分布的方向可以反映出是正相关还是负相关，散点分布的整体形态可以反映出是线性相关还是非线性相关.

(2)一元线性回归模型及其应用.

在相关性较强的情况下，通过与函数模型比较，引入刻画两个变量之间随机关系的一元线性回归模型，并借用最小二乘法估计模型的参数(鼓励使用统计软件估计参数)得到一元线性回归方程，进一步利用一元线性回归模型进行预测.

笔记

单元检测 >>>>>>>>>>>>

水平一

1. 为了普及环保知识，增强环保意识，某大学随机抽取 30 名学生参加环保知识测试，得分(10 分制)如图所示，则得分值的中位数、众数、平均数分别是_____.

第 1 题图

2. 如图所示，样本 A 和 B 分别取自两个不同的总体，样本平均数分别为 $\bar{x}_A$ 和 $\bar{x}_B$，样本标准差分别为 s_A 和 s_B，则(　　).

第 2 题图

A. $\bar{x}_A > \bar{x}_B$，$s_A > s_B$ 　　　　B. $\bar{x}_A < \bar{x}_B$，$s_A > s_B$

C. $\bar{x}_A > \bar{x}_B$，$s_A < s_B$ 　　　　D. $\bar{x}_A < \bar{x}_B$，$s_A < s_B$

3. 某公司过去 5 个月的广告费支出 x(单位：万元)与销售额 y(单位：万元)之间有下列对应数据.

x	2	4	5	6	8
y	30	40	60	50	70

已知 y 对 x 呈线性相关关系且一元线性回归方程为 $\hat{y} = 6.5x + 17.5$.

①销售额 y 与广告费支出 x 呈正相关；

②该公司广告费支出每增加 1 万元，销售额约增加 6.5 万元；

③若该公司下月广告费支出为 8 万元，则销售额必为 69.5 万元.

以上说法正确的有_____.

4. 下表给出了某校从 500 名 12 岁男孩中随机抽选出 120 人的身高情况(单位：cm).

身高范围	[122，126)	[126，130)	[130，134)	[134，138)	[138，142)
人数	5	8	10	22	33
身高范围	[142，146)	[146，150)	[150，154)	[154，158)	
人数	20	11	6	5	

(1)列出样本频率分布表；

(2)画出频率直方图.

5. 对划艇运动员甲、乙两人在相同的条件下进行了 6 次测试，测得他们的最大速度(单位：m/s)的数据如下.

甲 27 38 30 37 35 31

乙 33 29 38 34 28 36

根据以上数据，估计两人各自最大速度的平均数和标准差，并评价甲、乙两人的测试成绩.

6. 2020 年元旦前夕，某市统计局统计了该市 10 户家庭的年收入(单位：万元)和年饮食支出(单位：万元)的统计资料，如下表.

x	2	4	4	6	6	6	7	7	8	10
y	0.9	1.4	1.6	2.0	2.1	1.9	1.8	2.1	2.2	2.3

(1)若 y 与 x 是线性相关的，求一元线性回归方程；

(2)若某家庭年收入为 9 万元，预测其年饮食支出.

(参考数据：$\sum_{i=1}^{10} x_i y_i = 117.7$，$\sum_{i=1}^{10} x_i^2 = 406$)

水平二

1. 统计某校 n 名学生的某次数学同步练习成绩(满分 150 分)，根据成绩依次分成 6 组：[90，100)，[100，110)，[110，120)，[120，130)，[130，140)，[140，150]，得到的频率直方图如图所示，若不低于 140 分的人数为 110，则：

①$m = 0.031$；

②$n = 800$；

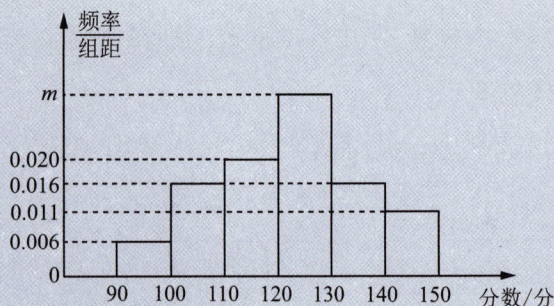

第1题图

③100 分以下的人数为 60；

④分数在区间 $[120，140)$ 的人数占大半.

以上说法正确的有_____.

2．若样本 $1+x_1，1+x_2，1+x_3，\cdots，1+x_n$ 的平均数是 10，方差为 2，则样本 $2+x_1，2+x_2，\cdots，2+x_n$ 的平均数和方差分别是_____.

3．从某企业生产的某种产品中抽取 100 件，测量这些产品的一项质量指标值，由测量结果得到如下频数分布表.

质量指标值分组	$[75，85)$	$[85，95)$	$[95，105)$	$[105，115)$	$[115，125)$
频数	6	26	38	22	8

(1)作出频率直方图；

(2)根据以上抽样调查数据，能否认为该企业生产的这种产品符合"质量指标值不低于 95 的产品至少要占全部产品的 80％"的规定？

4．某工厂为了对新研发的一种产品进行合理定价，将该产品按事先拟定的价格进行试销，得到如下数据.

单价 x/元	8	8.2	8.4	8.6	8.8	9
销量 y/件	90	84	83	80	75	68

(1)求一元线性回归方程 $\hat{y}=\hat{b}x+\hat{a}$；

(2)预计在今后的销售中，销量与单价仍然服从(1)中的关系，且该产品的成本是 4 元/件，为使工厂获得最大利润，该产品的单价应定为多少元？